Manfred Mai · Birgit Rieger

Wörterbuch
für Grundschulkinder

Mit vielen spannenden Sachgeschichten

Pädagogische
Grundschulredaktion
im Westermann
Schulbuchverlag
Beratung

EDITION
BÜCHERBÄR

In neuer Rechtschreibung

1. Auflage 2001
© Edition Bücherbär im Arena Verlag GmbH, Würzburg 2001
Alle Rechte vorbehalten
Sachgeschichten: Manfred Mai
Illustrationen der Sachgeschichten: Birgit Rieger
Illustrationen des Wörterverzeichnisses: Sonia Dilg
Pädagogische Beratung:
Grundschulredaktion im Westermann Schulbuchverlag
Wörterverzeichnis: Barbara Bergmann
Assistenz: Uta Würker
Umschlagillustration: Birgit Rieger
Innengestaltung und Satz: anja barthel • tomilom design
Gesamtherstellung: Westermann Druck Zwickau GmbH
ISBN 3-401-08182-9

Inhalt

Die Sachgeschichten

Das Wörterbuch

Du hast gerade ein ganz besonderes Buch in der Hand. Genau genommen sind es nämlich zwei Bücher: ein Lesebuch und ein Wörterbuch.

Eins und eins ist eins!

Für das Lesebuch habe ich 25 Geschichten zu Themen geschrieben, über die ihr auch in der Schule sprecht: Familie, Haustiere, Berufe, Natur, Umwelt und viele mehr. Ich wünsche mir, dass dir die Geschichten gute Anregungen zum Nachdenken und Mitreden geben. Spaß machen sollen sie dir natürlich auch. Die Geschichten bestehen aus Wörtern, aus vielen Wörtern. Manche sind ganz kurz wie zum Beispiel das Wort „Ja". Andere sind länger: suchen, vielleicht, liebevoll. Wieder andere bestehen sogar aus mehreren Wörtern: Handbewegung, Apfelsaft, Fußgängerüberweg.

Halt auf keinen Fall die Klappe! Sachgeschichten zum Mitreden

Wörter gut, alles gut!

Je mehr Wörter man kennt, desto besser kann man Geschichten erzählen. Wenn jemand zum Beispiel immer nur „gehen" sagt oder schreibt, klingt das auf die Dauer recht langweilig. Und „gehen" passt auch gar nicht immer so gut, denn manchmal schlendern, trotten, schlurfen, trippeln, laufen oder rennen die Leute. Deshalb haben wir zu jeder Geschichte eine Liste mit Wörtern zum Thema zusammengestellt und jeweils ein Beispiel, wie du etwas auch anders ausdrücken kannst: „Sag's mal anders!"

Hier geht's rund, jetzt wird's bunt!

Die Bilder zu den Geschichten hat
Birgit Rieger gemalt. Ich finde,
sie sind ihr gut gelungen.
Denn du kannst viel auf den Bildern
entdecken. Birgit Rieger hat sich auch
den frechen Papagei ausgedacht,
der dich durch das Buch begleitet.
Unser Papagei hat noch keinen Namen.
Wenn du möchtest, kannst du ihm
einen geben. Trage ihn einfach in
sein Schild ein.

Namenlos! –
Wie heiß ich bloß?

Nachschlagen im Wörterbuch ist gar nicht so schwer,
wie du vielleicht denkst. Wie das genau geht, erfährst du
auf den Seiten 56/57. Das Wörterverzeichnis in diesem Buch
ist ziemlich dick.
Du findest über 7500 Stichwörter. Wir haben alle wichtigen
Wörter für dich zusammengestellt. Schlag nach und du wirst
jedes Wort richtig schreiben!

Ein Nachschlag Schlagsahne:
Schlag Sahne nach!

Ich habe auch ein Wörterbuch im Regal, ein altes von früher,
als ich noch in die Schule ging. Und ein neues Wörterbuch
steht daneben – für den Fall, dass ich etwas nicht weiß und
nachschlagen will . . .

Manfred Mai

So viele Verwandte!

Julias Mama feiert ihren dreißigsten Geburtstag mit der ganzen Familie. „Na, Tochter, wie fühlt man sich mit dreißig?", fragt Opa.
Julia hat nicht richtig zugehört. Sie guckt erstaunt und sagt: „Wieso dreißig, ich bin doch erst sieben!"
Mama lächelt. „Opa meint mich, Julia. Ich bin seine Tochter so wie du meine Tochter bist. Dein Großvater ist mein Vater."
„Und dein Onkel Thomas ist mein Sohn und der Bruder deiner Mutter", macht Opa weiter. „Und seine Frau Karin ist deine Tante und meine Schwiegertochter. Die Söhne von Thomas und Karin sind deine Cousins und meine Enkel, genau wie du."
Das ist Julia zu viel auf einmal. Sie will jetzt auch nicht mehr über Verwandte reden, sondern lieber Torte essen. Erst als die Gäste weg sind und sie mit Mama allein ist, möchte Julia noch etwas wissen.

„Mama, wir haben alle weiße Haut, nur Luca ist braun. Das verstehe ich nicht."
Mama setzt sich zu Julia. „Tante Karin hat Luca nicht geboren wie Philipp. Sie und Onkel Thomas haben Luca adoptiert, weil er keine Eltern mehr hatte. Luca ist also ihr Sohn geworden und Philipps Bruder, obwohl einer weiß und einer braun ist."
„Und warum hast du für mich keine Schwester adoptiert?"
„Du weißt doch, dass dein Vater und ich uns getrennt haben, als du noch gar nicht geboren warst", antwortet Mama. „Und ich glaube, ich hätte es nicht geschafft, allein noch ein zweites Kind großzuziehen." Sie knuddelt Julia liebevoll. „Du hast mir einfach gereicht, mein Schatz."

Mein Wortschatz

adoptiert

der Bruder

der Cousin

die Cousine

der Enkel

die Enkelin

die Familie

geboren

der Geburtstag

getrennt

die Großmutter

der Großvater

großziehen

das Kind

die Mama

die Mutter

der Neffe

die Nichte

liebevoll

behutsam

gefühlvoll

vorsichtig

zärtlich

Sag's mal anders!

der Onkel

die Oma

der Opa

der Papa

die Scheidung

der Schwager

die Schwägerin

die Schwester

der Schwiegersohn

die Schwiegertochter

der Sohn

die Tante

die Tochter

der Vater

der Verwandte

die Verwandte

Wo steckt der Hausmeister?

Im Klassenzimmer der 2a flackert eine Deckenleuchte. Frau Blessing schickt Daniel zu Herrn Kurz, dem Hausmeister. Er soll eine neue Leuchtröhre einsetzen. Aber der Hausmeister ist nicht in seinem Raum. Daniel überlegt kurz und geht dann zum Lehrerzimmer. Der junge Lehrer, der drin sitzt, weiß nicht, wo der Hausmeister ist. „Frag mal Frau Gehlen im Sekretariat", rät er Daniel. Daniel war noch nie im Sekretariat. Sein Herz schlägt ein wenig schneller, als er anklopft.
„Herein!", ruft eine Stimme.
Daniel geht hinein, grüßt freundlich und fragt nach dem Hausmeister. Im gleichen Augenblick kommt die Schulleiterin aus dem Rektorat.

„Herr Kurz müsste im Computer-raum sein, um einen Stuhl zu reparieren", sagt sie. „Weißt du, wo der Computerraum ist?"
Daniel schüttelt den Kopf.
„Gleich die erste Tür rechts, wenn du die Treppe hinuntergehst", erklärt die Schulleiterin.
Daniel macht sich auf den Weg und sieht schon von der Treppe aus, dass die Tür zum Computerraum offen steht. Zögernd geht er hinein. Zwischen den vielen Computern kniet der Hausmeister auf dem Boden und schraubt die Rücken-lehne an einem Stuhl fest. Daniel stellt sich neben ihn.
„Na, was gibt's?"
„Bei uns wackelt ein Licht, und das sollen Sie reparieren", antwortet Daniel.

Mein Wortschatz

anklopfen

erklären

der Computer

der Computerraum

die Deckenleuchte

der Hausmeister

die Klasse

das Klassenzimmer

die Kreide

der Lehrer

die Lehrerin

das Lehrerzimmer

lernen

die Leuchtröhre

die Pause

der Raum

das Rektorat

reparieren

der Schüler

die Schülerin

der Schulhof

der Schulleiter

die Schulleiterin

die Schultasche

das Sekretariat

die Tafel

die Treppe

die Tür

der Unterricht

das Zeugnis

Sag's mal anders!

reparieren

ausbessern

ganz machen

in Ordnung bringen

den Schaden beheben

„So, so, ein Licht wackelt", sagt Herr Kurz und schmunzelt.
„In welche Klasse gehst du denn?"
„2a", antwortet Daniel.

„Sobald ich hier fertig bin, komme ich", sagt der Hausmeister.
Daniel nickt und läuft erleichtert zurück in seine Klasse.

Zwei fremde Kinder

Am Montagmorgen kommt
die Lehrerin etwas später als sonst
zur ersten Stunde. Dafür bringt sie
zwei fremde Kinder mit. „Das sind
Hedvika und Miroslav. Sie werden
von heute an in unsere Klasse
gehen", sagt sie.
Jens will immer alles genau wissen.
„Woher kommen die?", fragt er.
„Hedvika und Miroslav kommen
aus einem Land, in dem Krieg war",
antwortet die Lehrerin. „Beide haben
ihre Eltern verloren und Miroslav
wurde von einer Granate so schwer
verletzt, dass die Ärzte sein linkes
Bein amputieren mussten. Er hat
jetzt zwar ein künstliches Bein, aber
so gut gehen und laufen wie ihr
kann er damit nicht."
Nach diesen Worten wird es plötzlich
ganz still in der Klasse. Deswegen
spricht die Lehrerin weiter.

„Beide leben seit einem halben Jahr
in Deutschland und wohnen jetzt
bei Verwandten in unserer Stadt.
Sie haben auch schon ein wenig
Deutsch gelernt, so dass ihr mit
ihnen reden könnt."
Aber es dauert einige Zeit, bis sich
die Ersten trauen. Sie möchten
wissen, wie es im Krieg war, doch
darüber wollen Hedvika und
Miroslav nicht sprechen.
„Und wie ist es ohne richtiges
Bein?", fragt Jens.
Miroslav dreht sich um und läuft
weg, so schnell er kann.
„Er traurig, weil nicht mehr kann
Fußball spielen", erklärt Hedvika.

Mein Wortschatz

ablehnen	die	Fremdsprache		verstehen
akzeptieren	der	Freund	die	Verwandten
amputieren	die	Freundin	das	Vorurteil
anders	die	Freundschaft		
der Asylsuchende	die	Granate		
die Asylsuchende		kennen lernen		
aufnehmen	der	Krieg		
auslachen	das	Land		
der Ausländer	die	Menschlichkeit		
die Ausländerin	das	Misstrauen		
behindert	das	Mitleid		
berühren	der	Panzer		
die Bombe		reden		
dazugehören		sich trauen		
fremd		traurig		

schüchtern

ängstlich
befangen
gehemmt
unsicher
verlegen
zurückhaltend

Sag's mal anders!

„Da wäre ich auch traurig", sagt Philipp.
„Fußball nicht wichtig. Wichtig nur, dass keine Bomben aus Flugzeug fallen und Panzer nicht mehr schießen", sagt Hedvika leise.

Dabei steigen ihr Tränen in die Augen. Maria stellt sich so dicht neben sie, dass sie sich berühren und spüren.

Die Straße ist kein Spielplatz

Maxi ist mit seiner Oma unterwegs zum Spielplatz. Sie möchten auf die andere Straßenseite, aber die Autoschlange nimmt kein Ende.

Oma schüttelt den Kopf und sagt: „Stell dir mal vor, Maxi, auf dieser Straße haben wir als Kinder noch gespielt."

Das glaubt Maxi nicht. „Dann wärt ihr doch überfahren worden."

„Damals hat es noch nicht viele Autos gegeben", erzählt Oma. „Die Straße war unser Spielplatz. Wir spielten Fangen und Verstecken, ließen unsere Holzreifen rollen, gingen auf Stelzen oder fuhren Tretroller. Und manchmal spielten die Buben auch Fußball auf der Straße."

„Fußball? Auf der Straße?" Das kann sich Maxi nun wirklich nicht vorstellen.

„Und meistens waren Kinder da, mit denen man spielen konnte, ohne sich vorher erst verabreden zu müssen", erzählt Oma weiter. Als sie den Spielplatz endlich erreicht haben, setzt Oma sich auf eine Bank. Maxi schaut sich um. Zwei Mädchen wippen, ein Junge sitzt im Gras und spielt Gameboy. Maxi kennt die Kinder nicht. Er ist froh, dass nur drei Kinder da sind. So hat er den ganzen Spielplatz fast für sich allein.

Mein Wortschatz

der Abenteuerspielplatz
allein
der Ball
das Brettspiel
der Bub
fahren
Fangen spielen
der Fußball
der Gameboy
gewinnen
der Holzreifen
der Junge
die Kinder
das Mädchen
rollen

die Rutschbahn
der Sandkasten
die Schaukel
spielen
der Spielplatz
die Stelzen
der Tretroller
sich verabreden
verlieren
Verstecken spielen
werfen
die Wippe
wippen
der Würfel
zusammen

Sag's mal anders!

gehen

eilen
laufen
rennen
schlendern
trotten

Nicht echt

„Mama! Mama! Dennis hat seine Schwester unters Auto gestoßen!", ruft Alexander.

„Was?! Wo?!" Mama läuft an ihm vorbei ins Wohnzimmer und schaut aus dem Fenster. „Wo denn?", fragt sie noch einmal.

„Da", sagt Alexander und zeigt zum Fernseher.

„Ach so." Mama atmet erleichtert auf. „Nur im Film."

„Aber sie hat doch geblutet", sagt Alexander immer noch ganz aufgeregt.

„Das war nicht echt", beruhigt ihn Mama. „Das war nur gespielt."

„Und das Blut?", fragt Alexander zweifelnd.

Mama erzählt ihm, dass Schauspieler in Filmen nicht wirklich verletzt werden oder sterben.

„Das Blut ist rote Farbe und die Verletzungen werden von Maskenbildnern auf die Haut gemalt, dass sie wie echt aussehen. Wenn die Szene gedreht ist, wird alles wieder weggeputzt und die Schauspieler gehen fröhlich nach Hause."

Das kann Alexander fast nicht glauben, weil alles so echt ausgesehen hat.

„Und jetzt schalten wir lieber aus", sagt Mama. „Zu viel fernsehen ist nämlich nicht gut."

„Halt!", ruft Alexanders große Schwester Jennifer. „Gleich kommt eine Sendung über Tiere im Wald. Unser Lehrer hat gesagt, die sollen wir anschauen, da könnten wir viel lernen."

„Dagegen habe ich natürlich nichts", sagt Mama. „Solche Sendungen finde ich sogar sehr sinnvoll."

14

Mein Wortschatz

anschauen
aufgeregt
ausschalten
der Bildschirm
das Blut
bluten
echt
einschalten
die Farbe
die Fernbedienung
fernsehen
der Fernseher
der Film
das Kabelfernsehen
die Kamera

der Maskenbildner
die Maskenbildnerin
die Nachrichten
der Regisseur
die Regisseurin
der Schauspieler
die Schauspielerin
die Sendung
die Serie
sinnvoll
spannend
spielen
der Spielfilm
die Szene
die Verletzung

das Video
die Werbung

sehen

Sag's mal anders!

betrachten
glotzen
gucken
schauen
wahrnehmen

Wir machen Musik

Lena sitzt zu Hause und langweilt sich. Deswegen ruft sie Sophie an. Die liest ein unheimlich spannendes Buch und kann jetzt nicht weg. „Blöde Ziege", murmelt Lena und wählt Philipps Nummer.
„Ich geh zum Bolzplatz", sagt Philipp. „Dort spielen wir Fußball."
„Fußball ist doof!", ruft Lena ins Telefon und legt auf.
Danach versucht sie es noch bei anderen Kindern. Sarah, Felix und Vanessa gehen ins Hallenbad, Timo ist nicht zu Hause und Franziska will um vier zum Kinderturnen.
„Komm doch mit", sagt sie.
„Keine Lust", brummt Lena. Sie trottet ins Wohnzimmer und will den Fernseher einschalten, da klingelt es an der Wohnungstür. Jonas aus dem vierten Stock steht draußen und sagt: „Hallo, Lena!

Kommst du mit ins JUZ? Wir machen Musik und singen, das ist immer ganz toll!"
Lena zögert, aber weil sie nichts Besseres zu tun weiß, geht sie mit Jonas ins Jugendzentrum. Einige Kinder sind schon da. Frau Beller hat ihre Gitarre und andere Instrumente mitgebracht: Rasseln, Triangeln, verschiedene Trommeln und ein Xylophon. Miriam und Benedikt haben noch ihre Flöten dabei.
Zuerst probieren die Kinder alle Instrumente aus. Lena steht mitten drin und ist voll dabei.
Dann beginnt Frau Beller auf ihrer Gitarre zu spielen. Das klingt toll, findet Lena. So möchte sie auch spielen können.
Ob sie sich eine Gitarre zum Geburtstag wünschen soll?

Mein Wortschatz

	basteln
der	Bolzplatz
das	Buch
der	Chor
	fernsehen
die	Flöte
	Fußball spielen
die	Gitarre
das	Hallenbad
das	Hobby
das	Instrument
das	Jugendzentrum
das	Kinderturnen
das	Klavier
	langweilig

toll

großartig
klasse
prima
sehr gut
spitze
super

Sag's mal anders!

	lesen
das	Lied
	malen
die	Musik
	Musik hören
	probieren
das	Radfahren
die	Rassel
	schwimmen
	singen
	spannend
der	Sport
die	Triangel
die	Trommel
das	Xylophon

Eine neue Jacke

Florian braucht eine neue Jacke. Das meint jedenfalls seine Mutter. Sie fährt mit ihm zum Einkaufen in die Stadt. Dort gehen sie in ein Kaufhaus. Vor einem Ständer mit Sonderangeboten bleibt die Mutter stehen. Sie nimmt eine blaue Jacke heraus und sagt: „Die ist doch schön."
Florian schüttelt heftig den Kopf.
„Oder die."
„Die ist ja für Babys", sagt Florian.
„Mit der lachen mich die anderen aus."
„Hauptsache, die Jacke hält schön warm", meint die Mutter.
Aber da ist Florian anderer Meinung. Ein paar Meter weiter sagt er:
„So eine will ich!"

Während seine Mutter nach der passenden Größe und dem Preis schaut, kommt schon ein Verkäufer.
„Das sind unsere aktuellen Herbstjacken. Die sind bei Jungen in seinem Alter zur Zeit der Renner."
Er nimmt eine vom Ständer und Florian zieht sie an.
„Die steht dir sehr gut", sagt der Verkäufer.
Florian ist zufrieden. „Die will ich. So eine hat Maxi auch."
„Wir schauen uns erst noch weiter um", sagt die Mutter und will Florian die Jacke ausziehen. Als er sich wehrt, zischt sie ihn scharf an:
„Florian!"

Mein Wortschatz

	aktuell	die	Kollektion
	anziehen	der	Mantel
	billig		modisch
	einkaufen		passen
der	Euro	der	Preis
die	Größe	der	Pullover
das	Hemd	der	Renner
	heruntergesetzt	der	Rock
die	Hose	der	Schlussverkauf
die	Jacke	der	Schuh
die	Jeans	das	Sonderangebot
	kaufen	der	Ständer
das	Kaufhaus		teuer
das	Kleid	der	Verkäufer
die	Kleidung	die	Verkäuferin

Ich brauche...

Ich hätte gern...

Ich möchte...

Ich will...

Ich wünsche mir...

Sag's mal anders!

Der Verkäufer entfernt sich. „Die Jacke kostet 99 Euro. Die können wir nicht kaufen, die ist viel zu teuer", flüstert Florians Mutter.
Florian schaut ganz traurig.
„Wir kommen noch mal im Schlussverkauf her", versucht seine Mutter ihn zu trösten. „Vielleicht ist die Jacke dann heruntergesetzt."

Florian sagt nichts mehr. Er wird eben weiter seine alte Jacke tragen. Die mag er sowieso am liebsten!

Reise in die Vergangenheit

„Heute machen wir eine Reise in die Vergangenheit", sagt Papa.
„Hast du eine Zeitmaschine?",
fragt Maria.
Papa schüttelt den Kopf und lächelt verschmitzt.
Wenig später sitzt die ganze Familie im Auto.
„Fahren wir zu einer Ritterburg?",
möchte Moritz wissen.
„Nicht ganz", antwortet Papa.
„Oder zu einem Schloss?", fragt Maria.
„Auch nicht", sagt Papa. „Früher hat es ja nicht nur Ritter und Fürsten gegeben – sondern?"

Maria und Moritz sehen einander ratlos an. Aber bald hat die Raterei ein Ende. Sie parken vor einem Gartenzaun, hinter dem ein altes Dorf als großes Museum im Freien aufgebaut wurde.
„In so einem Dorf haben unsere Großeltern als Kinder noch gelebt", sagt Mama.
Sie gehen durch ein Bauernhaus. Dabei wird den Kindern klar, was es früher alles nicht gab: Elektroherd, Kühlschrank, Spülmaschine, Mikrowelle, Fernseher, Computer, Waschmaschine.

Mein Wortschatz

das Auto
automatisch
der CD-Player
der Computer
elektrisch
der Elektroherd
das Faxgerät
der Fernseher
der Fortschritt
früher
der Fürst
das Handy
das Holz
klingeln
die Kohlen

sagen

antworten
erklären
flüstern
fragen
murmeln
rufen

Sag's mal anders!

der Küchenherd
der Kühlschrank
die Mikrowelle
das Museum
der Ofen
die Ritterburg
das Schloss
die Spülmaschine
der Strom
das Telefon
die Vergangenheit
der Videorekorder
die Waschmaschine
die Zeit
die Zeitmaschine

„Gekocht und geheizt wurde mit Holz und Kohlen im Küchenherd", erklärt Mama. „Und in der Wohnstube stand noch ein Ofen. In den anderen Zimmern wurde nicht geheizt."

„Auch im Winter nicht?", fragt Moritz.

In diesem Augenblick klingelt es in Papas Jacke.

„Das Handy passt überhaupt nicht hierher", meint Mama etwas genervt.

„Entschuldigung", sagt Papa und schaltet es aus.

„Auch im Winter nicht", beantwortet Mama die Frage. „Das Leben war damals viel härter als heute. Die meisten Arbeiten mussten noch von Hand gemacht werden." Mama wirft Papa einen Blick zu. „Aber dafür wurden die Menschen nicht überall und zu jeder Zeit von piepsenden Telefonen gestört."

Arme, Beine, Po und Bauch

Sport steht auf dem Stundenplan.
Manche Kinder freuen sich, andere
würden lieber rechnen oder
schreiben.
„Nicht nur der Kopf ist wichtig",
sagt die Lehrerin, „sondern der ganze
Körper. Deswegen müssen wir auch
für den ganzen Körper etwas tun."

Die Kinder laufen im Kreis. Einige
keuchen schon in der zweiten
Runde. Ihre Beine werden schwer,
ihr Herz klopft heftig. Danach ist
Gymnastik dran: Arme kreisen,
Rumpf beugen und mit den Händen
die Füße berühren, Oberschenkel-
und Wadenmuskeln dehnen, Füße
kreisen, auf Händen und Knien
gehen, Katzenbuckel machen, auf
dem Rücken liegend Kopf und Ober-
körper anheben, dann die Beine,
um die Bauchmuskeln zu stärken.
Das schaffen nicht alle Kinder.
Sie liegen platt am Boden.

Mein Wortschatz

	anheben	das	Herz	
der	Arm		keuchen	
	atmen	das	Knie	
das	Auge	der	Kopf	
der	Bauch	der	Körper	
die	Bauchmuskeln		laufen	
das	Bein	der	Mund	
	berühren	die	Nase	
	beugen	der	Oberkörper	
die	Brust	der	Oberschenkel	
	dehnen	das	Ohr	
der	Finger	der	Po	der	Sport
der	Fuß	der	Rücken		turnen
die	Gymnastik	der	Rumpf	die	Wadenmuskeln
die	Hand		schwer	der	Zeh

keuchen

Sag's mal anders!

atmen

hecheln

japsen

schnaufen

„Ich kann nicht mehr", keucht Patrick.

„Jetzt darfst du dich kurz ausruhen, bevor wir weitermachen", sagt die Lehrerin.

Patrick hebt den Kopf ein wenig.

„Und was kommt dann?"

„Bodenturnen", antwortet die Lehrerin.

„Oh nein!", seufzt Patrick. Er lässt den Kopf sinken und schließt die Augen. Wenn doch die Sportstunde nur schon vorbei wäre!

Hier bin ich!

Am Strand bauen ein paar Kinder
eine Sandburg.
„Sie muss noch höher werden",
sagt Ayshe und holt Wasser. Damit
panschen sie frischen Sandmörtel,
der nur so durch die Finger quillt.
Das fühlt sich gut an. Am Ende
sind die Kinder mit ihrer Burg sehr
zufrieden.
„Und jetzt?", fragt Lasse.
Zuerst lutschen sie ein Eis. Das
schmeckt lecker. Dann spielen sie
Blindekuh. Lasse bekommt als Erster
die Augen verbunden. Er spitzt die
Ohren, um die anderen zu hören.
„Hier bin ich! Nein hier! Und schon
wieder da!", rufen die Kinder durch-
einander.
Lasse dreht sich, greift hier hin und
dort hin, aber immer ins Leere.
„Mama, was spielen die Kinder?",
hört er plötzlich eine Mädchen-
stimme fragen.

„Blindekuh", antwortet die Mutter.
„Da kann ich mitspielen, ohne dass
sie mir die Augen verbinden",
sagt das Mädchen.
Lasse versteht den Satz nicht, nimmt
das Tuch von den Augen und sieht
erst jetzt, was die anderen Kinder
längst bemerkt haben: Das Mädchen
ist blind.
„Darf ich mitspielen?", fragt das
Mädchen. „Ich heiße Kati."
Die Kinder sind so durcheinander,
dass sie nur nicken. Und Lasse streckt
dem Mädchen das Tuch entgegen.
„Darf ich?", wiederholt Kati.
„Klar", antwortet Ayshe.
Es dauert nicht lange, bis Kati
die ersten Kinder erwischt hat.
Vielleicht kommt das daher, dass
sie besser hören und riechen kann
als die anderen. Jedenfalls strahlt
Kati über das ganze Gesicht.

Mein Wortschatz

die Augen	leise	salzig
bitter	lutschen	sauer
blind	die Nase	schmecken
Blindekuh	die Ohren	sehen
bunt	panschen	süß
dunkel	quillen	weich
die Finger	rau	die Zehen
fühlen	riechen	die Zunge
das Gesicht		
hart		
die Haut		
hell		
hören		
laut		
lecker		

Sag's mal anders!

hören

horchen

lauschen

lange Ohren machen

die Ohren spitzen

Ein Monstergebiss

Auf dem Lehrertisch liegt ein riesiges Gebiss. Ein richtiges Monstergebiss. Es ist den Kindern ein wenig unheimlich.

„Keine Angst, es beißt nicht", sagt die Zahnärztin Frau Dr. Walter lächelnd.

Sie hat das Gebiss in die Schule mitgebracht, um den Kindern daran zu zeigen, wie man die Zähne richtig putzt.

„Das weiß ich schon lange!", ruft Hannes und reibt mit dem Zeigefinger auf seinen Zähnen hin und her.

„Das genügt nicht", sagt Frau Dr. Walter. „Wie man die Zähne richtig putzt, schauen wir uns jetzt gemeinsam an dem großen Gebiss an. Wer möchte es mal versuchen?"

Zuerst melden sich nur Vanessa und Niklas. Nach ihnen trauen sich auch andere an das Monstergebiss heran.

Doch die meisten putzen die Zähne falsch. Deswegen zeigt Frau Dr. Walter ganz langsam, wie man es richtig macht.

„Wir beginnen innen und lassen die Zahnbürste auf jedem Zahn kreisen. Also nicht einfach hin und her oder rauf und runter, sondern immer in kleinen Kreisen putzen. Wenn wir innen fertig sind, putzen wir außen. Und die Kauflächen dürfen wir auch nicht vergessen. Das ist natürlich ein bisschen anstrengender als nur hin- und herzuputzen, aber dafür bekommen unsere Zähne keine Löcher und der Zahnarzt muss nicht bohren."

Mein Wortschatz

außen
der Backenzahn
beißen
bohren
essen
das Gebiss
groß
innen
die Karies
die Kaufläche
kreisen
das Loch
die Mahlzeit
der Milchzahn
die Plombe

putzen

reinigen
sauber machen
säubern
scheuern
schrubben

Sag's mal anders!

putzen
regelmäßig
reiben
richtig
die Schleckermäulchen
der Schneidezahn
Süßes
vergessen
der Zahnarzt
die Zahnärztin
die Zahnbürste
die Zahnpasta
das Zahnweh
die Zähne
ziehen

Zum Schluss möchte Frau Dr. Walter noch wissen, wie oft man die Zähne putzen sollte.
„Zweimal! Nein, dreimal! Nach dem Essen. Am Morgen und am Abend!", rufen die Kinder durcheinander.
„Nicht schlecht", sagt die Zahnärztin. „Am besten ist es, wenn wir unsere Zähne nach jeder Mahlzeit putzen, vor allem wenn wir etwas Süßes gegessen haben."
„Dann müsste ich meine den ganzen Tag putzen", flüstert Raphaela, die ein Schleckermäulchen ist. Sie denkt an ihre vielen Plomben.

Kopf hoch, Philipp!

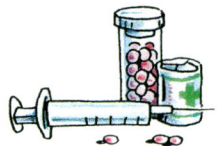

Canan und Philipp klettern im Garten um die Wette. Dabei rutscht Philipp ab und stürzt zu Boden. Nach einer Schrecksekunde fängt er an zu schreien. Papa kommt aus dem Haus gelaufen.
„Mein Bein tut so weh", jammert Philipp.
Papa überlegt nicht lange, trägt ihn zum Auto und fährt ihn zum Arzt. Dort wird Philipp gleich auf die Liege im Behandlungszimmer gelegt.

Dr. Vollmer kommt herein, untersucht Philipp und stellt fest: „Gebrochen ist nichts. Du hast also noch mal Glück gehabt, Philipp." Das rechte Fußgelenk ist verstaucht. Dr. Vollmer verteilt eine kühlende Salbe um den Knöchel herum und legt einen straffen Verband an. Dann setzt er sich an seinen Computer und beginnt zu schreiben. Wenig später rattert es und ein Rezept kommt zum Vorschein.

Mein Wortschatz

die Apotheke
der Arzt
die Ärztin
das Behandlungszimmer
bluten
das Fußgelenk
gebrochen
das Glück
helfen
der Knöchel
das Krankenhaus
die Liege
die Medizin
der Patient
die Patientin

das Pflaster
das Rezept
die Salbe
der Schmerz
das Schmerzmittel
die Spritze
das Stethoskop
die Tablette

die Tropfen
der Unfall
untersuchen
der Verband
verletzt
verstaucht
wehtun
die Wunde

stürzen

ausrutschen
fallen
purzeln
straucheln

Sag's mal anders!

„Ich habe ein leichtes Schmerzmittel aufgeschrieben", sagt Dr. Vollmer zu Philipps Vater. „Davon soll er gleich einen Messlöffel voll nehmen und heute Abend noch mal einen. Die Salbe tragen Sie bitte dreimal täglich auf die verletzte Stelle auf und legen anschließend den Verband wieder an." Er wendet sich Philipp zu: „Kopf hoch! In einer Woche sehen wir uns wieder, dann ist das Schlimmste schon überstanden." Philipp nickt. Papa trägt ihn zum Auto und fährt sofort zur Apotheke, um das Schmerzmittel und die Salbe zu holen.

Zu Hause füllt er einen Messlöffel. „Schmeckt der Saft bitter?", fragt Philipp.
„Ich weiß nicht", antwortet Papa. „Hauptsache, er hilft."

Alles schön süß?

Mama und Papa sind verschwunden! Lisa läuft suchend durch die vielen Gänge und kommt sich vor wie in einem Labyrinth.

„Lisa!", hört sie Papa hinter sich rufen und rennt ihm erleichtert in die Arme. „Wo wart ihr denn?"

„Beim Käse."

„Warum gibt es hier auch so viele Sachen, dass man sich verirren kann?", fragt Lisa vorwurfsvoll.

„Das frage ich mich auch."
Papa macht eine wegwerfende Handbewegung. „Und alles gleich mehrfach. Zehnerlei Kaffee, Jogurt, Pudding, Marmelade, Ketschup, Obstkonserven, Eier – wenn das überhaupt reicht."

„Was meckerst du schon wieder?", fragt Mama, die mit dem Einkaufs-wagen kommt. „Wir können froh sein, dass wir so eine große Auswahl haben."

„Aber überall sind Aroma- und Konservierungsstoffe drin", redet Papa weiter. „Und Zucker, damit auch alles schön süß schmeckt."

„Deswegen kaufen wir ja vieles im Bio-Laden oder machen es selbst", sagt Mama.

Sie gehen weiter zum Getränkemarkt. Lisa möchte Limonade, Mama schüttelt den Kopf. „Da ist auch wieder viel Zucker drin und noch anderes ungesundes Zeug."

„Den Durst löscht Mineralwasser sowieso viel besser als klebrige Limonade", meint Papa. Er stellt zwei Kisten unten in den Wagen.

„Und zum Mischen nehmen wir noch einen guten Apfelsaft ohne Zuckerzusatz mit", sagt Mama.

Lisa zieht eine Schnute. Sie hätte lieber eine Kiste Limo gekauft, auch wenn die nicht so gesund ist wie Mineralwasser.

Mein Wortschatz

der Apfelsaft
das Aroma
die Auswahl
der Bio-Bauernhof
der Bio-Laden
   BSE
das Ei
der Einkaufswagen
das Gemüse
   gesund
der Getränkemarkt
der Jogurt
der Kaffee
der Käse
   kaufen

der Ketschup
der Konservierungsstoff
die Limonade
die Marmelade
das Mehrkornbrot
die Milch
das Mineralwasser
das Obst
die Obstkonserven
der Pudding
   ungesund
   vegetarisch
die Vitamine
der Zucker
der Zuckerzusatz

trinken

nippen
nuckeln
saufen
schlürfen

Sag's mal anders!

Immer Ferien?

Bis vor sechs Wochen hat Sergios Mutter in einer Werkzeugfabrik gearbeitet. Weil zwei moderne Maschinen gekauft wurden, braucht man sie nun nicht mehr. Jetzt sucht sie eine neue Arbeitsstelle.

„Vielleicht lasse ich mich auch umschulen und mache etwas mit Computern", sagt sie. „Das hat mehr Zukunft als die Metallverarbeitung."

„Ich werde mal Profifußballer und verdiene ganz viel Geld", sagt Sergio. „Dann muss ich gar nicht mehr arbeiten."

„Und was machst du, wenn du zum Kicken zu alt bist?"

„Ferien."

Sergios Mutter lacht. „Von 35 an Ferien, ich bin sicher, das würde dir bald langweilig werden."

„Bestimmt nicht."

„Hör mal, Sergio", sagt die Mutter jetzt einen Ton ernster, „der Mensch kann nicht immer Ferien haben. Er muss etwas tun können, möglichst etwas Sinnvolles. Und deswegen braucht er eine Arbeit, auch wenn er genug Geld hat und auf den Lohn gar nicht angewiesen ist."

Sergio guckt seine Mutter fragend an.

„Ich freue mich, dass du so ein guter Fußballer bist, und du sollst auch weiter fleißig trainieren. Aber mindestens so wichtig ist für deine Zukunft, dass du in der Schule viel lernst, damit du später einen Beruf wählen kannst, der dir Freude macht."

Sergio nickt, damit seine Mutter zufrieden ist.

Mein Wortschatz

Sag's mal anders!

trainieren

probieren

üben

versuchen

der Angestellte
die Angestellte
arbeiten
der Arbeiter
die Arbeiterin
arbeitslos
die Arbeitsstelle
die Ausbildung
der Auszubildende
die Auszubildende
der Beamte
die Beamtin
der Beruf
das Büro
die Computerfachleute

die Ferien
fleißig
das Gehalt
das Geld
der Lohn
die Maschine
der Mechaniker
die Mechanikerin

die Metallverarbeitung
modern
der Profifußballer
die Rente
umschulen
der Urlaub
verdienen
die Werkzeugfabrik

Es brennt!

„Es brennt!", ruft Frau Kolbe mitten in der Stunde. Die Kinder schrecken auf und laufen zu ihrer Lehrerin nach vorn.

„Was müssen wir jetzt tun?", fragt sie.

„Schnell hinaus ins Freie!", ruft Marcel.

„Wir lassen alles stehen und liegen und gehen hinaus, aber ohne zu drängeln und zu rennen", sagt Frau Kolbe und lässt die Kinder vorbei.

„Halt!", ruft sie plötzlich.

Die Kinder bleiben stehen und schauen verunsichert zurück.

„Das habt ihr prima gemacht", lobt die Lehrerin ihre Klasse. „So muss es klappen, wenn es wirklich brennt, dann passiert keinem etwas."

Die meisten Kinder sind erleichtert, dass es ein falscher Alarm war. Einige sind enttäuscht.

„Ich hab mich schon gefreut, dass hier mal was Tolles passiert", murmelt Steffen.

Marina zeigt ihm einen Vogel.

„Was müssten wir als Nächstes tun, wenn wir in Sicherheit wären?", möchte Frau Kolbe wissen.

„Die Feuerwehr alarmieren!", rufen mehrere gleichzeitig.

„Mit der Nummer 112", fügt Sarah noch hinzu.

„Sehr gut", sagt Frau Kolbe. Sie winkt die Kinder zum Fenster.

Auf dem Schulhof steht ein echtes Feuerwehrauto. Jetzt sind die meisten nicht mehr zu halten.

Unten warten schon zwei Feuerwehrleute, zeigen und erzählen den Kindern eine Menge.

Zum Schluss hat Steffen noch eine Frage: „Wie geht es, dass die Feuerwehr immer so schnell ist?"

„Tja, dazu ist sehr viel Übung nötig", antwortet einer. „Wir müssen jeden Handgriff immer wieder üben, bei Tag und Nacht, bei jedem Wetter. Nur so ist es möglich, dass alles reibungslos klappt und wir so schnell am Einsatzort sein können."

Mein Wortschatz

	alarmieren		in Gefahr
das	Atemschutzgerät	der	Helm
die	Ausrüstung	die	Hilfe
der	Brand	das	Löschfahrzeug
	brennen		reibungslos
die	Drehleiter		retten
der	Einsatzort	der	Schlauch
	falscher Alarm	die	Schnelligkeit
der	Feuerlöscher	der	Schrecken
die	Feuerwehr	die	Schutzkleidung
das	Feuerwehrauto	die	Sicherheit
die	Feuerwehrleute	das	Sprungpolster
der	Feuerwehrmann	das	Sprungtuch
	ins Freie	die	Übung
das	Funkgerät		vorsichtig

Sag's mal anders!

drängeln

drücken

quetschen

schieben

schubsen

stoßen

„Aber genauso wichtig ist, dass die Leute wissen, was sie tun müssen, wenn's brennt oder wenn wir sonst gebraucht werden", sagt der zweite Feuerwehrmann. „Denn wenn wir zu spät gerufen werden, nützt all unsere Schnelligkeit nichts."

Das Schönste auf der Welt

Axel guckt vorsichtig aus seinem Zimmer, schleicht auf Zehenspitzen aus dem Haus, schiebt sein Fahrrad aus dem Garten und zischt mit einem Affenzahn davon. „Jippie!", ruft er in sicherer Entfernung und ballt die Faust. Er fährt mal wieder zum Bauernhof am Rand des Dorfes. Hasso bellt ihm freudig entgegen. „Hallo, Axel!", begrüßt ihn Bauer Jürgen. „Ich muss Grünfutter holen, willst du mitkommen?"

Axel nickt. Für ihn gibt es nichts Schöneres, als Jürgen bei der Arbeit zu helfen. Ob Heu-, Getreide- oder Kartoffelernte, ob Kühe melken, Schweine und Hühner füttern, ob säen, mähen oder pflügen, Axel ist mit Feuereifer dabei.
Um das Heu, das in zwei hohen Silos gelagert wird, für den Winter und das Frühjahr aufzusparen, holt Jürgen Grünfutter, solange es geht.

Mein Wortschatz

der	Acker
	ausmisten
der	Bauer
die	Bäuerin
der	Bauernhof
die	Ernte
das	Feld
	füttern
die	Gans
das	Getreide
das	Gras
das	Grünfutter
der	Hahn
das	Heu
das	Huhn

die	Kartoffel
der	Kleinbauer
die	Kuh
die	Landwirtschaft
	mähen
	melken
die	Melkmaschine
die	Milch
der	Mist
das	Pferd
	pflügen
	säen
das	Schaf
die	Scheune
das	Schwein

der	Silo
der	Stall
das	Stroh
der	Traktor
die	Zitze

füttern

aufpäppeln
ernähren
zu fressen geben
mästen
verpflegen
versorgen

Sag's mal anders!

Und den Kühen ist das frische Gras lieber als trockenes Heu. Während Jürgen und Axel die Kühe füttern, legt die Bäuerin Karin einer Kuh nach der anderen die Saugrohre der elektrischen Melkmaschine an. „Früher musste jede Kuh von Hand gemolken werden", sagt Karin zu Axel. „Und viele Kleinbauern tun das auch heute noch, weil eine Melkmaschine für sie zu teuer ist." Das möchte Axel mal probieren. Karin zeigt ihm, wie es geht, und sofort schießt ein Milchstrahl aus der Zitze. Als Axel an den Zitzen zieht, muht die Kuh laut. Sonst tut sich nichts. Erst nach mehreren Versuchen kommen ein paar Tropfen.

„Melken von Hand ist nicht einfach und ziemlich anstrengend", sagt Karin und melkt die Kuh zu Ende. Axel nickt und hilft Jürgen lieber beim Stallausmisten.

Als er am Abend nach Hause kommt, muss Axel sich sofort ausziehen und unter die Dusche.

„Ich verstehe nicht, was dir an dem stinkenden Bauernhof so gefällt", sagt sein Vater.

„Alles!"

Viele Körner

Mama und Selina machen eine kleine Radtour. Auf einem schmalen Feldweg müssen sie anhalten, weil ein Mähdrescher gerade wendet. „Der mäht, drischt das Korn und presst das Stroh zu Ballen", erklärt Mama. „Alles gleichzeitig. Deswegen macht er auch so viel Lärm." Sie reißt einen Halm ab, reibt die Ähre zwischen den Händen und pustet die Spreu weg, sodass die Körner zum Vorschein kommen. „So macht es der Mähdrescher im Grunde auch", sagt Mama. „Und aus diesen Körnern wird Mehl gemacht ..."

„Und damit backt der Bäcker Brot und Kuchen", führt Selina den Satz fort. Sie schauen dem Mähdrescher noch eine Weile zu. Dann fahren sie weiter. Unterwegs halten sie noch bei einer Bäckerei, um Brot zu kaufen. Vor ihnen ist ein älterer Mann dran, der zwei Brötchen möchte. „Aber keine mit Körnern drin", sagt er, „dass mir beim Beißen fast die Zähne ausfallen."

„Die Vollkornbrötchen sind aber sehr gesund", entgegnet die Verkäuferin. Der Mann winkt ab. „Lassen Sie mich mit gesunden Brötchen in Ruhe. Schmecken müssen sie mir, sonst nichts."

Die Verkäuferin packt ihm zwei helle Brötchen ein, damit der Mann zufrieden ist.

Selinas Mama achtet mehr auf gesunde Ernährung. Deswegen nimmt sie ein Sechskornbrot.

„Sind da sechs Körner drin?", fragt Selina.

„Nicht sechs Körner, sondern sechs verschiedene Sorten", antwortet Mama.

„Das muss man natürlich länger kauen als so ein einfaches weißes Brot", sagt die Verkäuferin.

„Aber dafür hat man auch viel mehr davon."

Sag's mal anders!

Mein Wortschatz

kauen

beißen
essen
knabbern
mümmeln

die Ähre
backen
der Bäcker
die Bäckerei
die Bäckerin
das Baguette
die Brezel
das Brot
das Brötchen
das Croissant
dreschen
die Ernährung
das Gebäck
gesund
der Halm

das Hörnchen
der Keks
das Korn
der Kuchen
der Mähdrescher
mähen
das Mehl
das Roggenmehl
das Sechskornbrot

die Sorte
die Spreu
der Teig
die Torte
der Verkäufer
die Verkäuferin
das Vollkornbrot
das Vollkornbrötchen
das Weizenmehl

Noch mal Glück gehabt

Nach Schulschluss laufen viele Jungen und Mädchen über den Schulhof, um als Erste bei den Bussen zu sein. Dort gibt es dann das tägliche Geschubse und Gedränge. Svenja läuft zwischen zwei Bussen hindurch auf die Fahrbahn – genau vor ein Auto. Der Autofahrer tritt auf die Bremse, dass die Reifen quietschen, und kann gerade noch einen Unfall verhindern. Das Kind auf dem Rücksitz ist zum Glück angeschnallt, sonst wäre es bei dieser Vollbremsung nach vorne geflogen und hätte sich vermutlich verletzt. Lukas und Aileen sind wie andere Kinder sehr erschrocken.

„Da hat Svenja noch mal Glück gehabt", sagt Lukas.

Er und Aileen gehen weiter bis zum Fußgängerüberweg. Weil das rote Männchen an der Ampel leuchtet, warten sie.

„Warum wartet ihr denn?", fragt Samuel. „Es kommt doch gar kein Auto." Und schon ist er auf der Straße. Er bleibt sogar stehen und ruft zurück:

„Na los, ihr Angsthasen!"

„Pass auf!", ruft Aileen ihm zu, weil zwei Radfahrer angesaust kommen. Samuel springt zur Seite, stolpert und landet ziemlich unsanft auf dem Po.

Inzwischen leuchtet das grüne Männchen, Aileen und Lukas schauen zur Sicherheit noch nach links und rechts und gehen los.

„Bäh!", macht Samuel und streckt ihnen die Zunge raus, als sie neben ihm stehen.

„Du bist doof", sagt Aileen.

„Und ihr seid Angsthasen", behauptet Samuel.

Aileen und Lukas lassen Samuel einfach stehen. Er ruft ihnen noch etwas hinterher, aber die beiden halten sich die Ohren zu.

Mein Wortschatz

die Ampel
angeschnallt
aufpassen
das Auto
der Autofahrer
die Bremse
der Bus
die Fahrbahn
der Fußgängerüberweg
das Gedränge
der Gehweg
die Kreuzung
leuchten
links
das Motorrad

erschrocken

bestürzt
entgeistert
entsetzt
fassungslos

Sag's mal anders!

parken
quietschen
der Radfahrer
rechts
der Reifen
der Rücksitz
die Sicherheit
der Stau
die Straße
überholen
der Unfall
das Verkehrsschild
verletzt
die Vollbremsung
der Zebrastreifen

Immer diese Abfallberge

„Vincent!", ruft Mama. „Bring bitte den Abfall hinaus!"

„Immer ich", brummt Vincent, nimmt den Abfalleimer und geht hinters Haus, wo die Mülltonnen stehen. Die Restmülltonne quillt schon über. Weil er den Abfall nicht wieder zurücktragen will, wirft Vincent ihn einfach in die Biotonne, obwohl er da nicht hineingehört.

Einige Zeit später hört Vincent eigenartige Geräusche. „Was ist das?", fragt er.

„Keine Ahnung", antwortet Mama. Beide gehen auf den Balkon – und trauen ihren Augen nicht. Der Parkplatz und der Weg zum Haus sind voller Müll. Ebenso die Straßen. Und aus den Tonnen quillt unaufhörlich Müll, immer mehr Müll.

Nicht nur aus den Tonnen von Vincents Haus, nein, aus allen Tonnen bei allen Häusern. Die Leute verriegeln Türen und Fenster. Draußen begraben die Müllmassen Autos unter sich. Als die erste Ladung Müll auf den Balkon schwappt, ruft Vincent um Hilfe. Durch diesen Hilferuf wacht er auf, liegt nass geschwitzt und mit klopfendem Herzen im Bett. Ein Glück, dass alles nur ein Traum war, denkt er. Aber nach diesem Alptraum kann Vincent lange nicht einschlafen. Und er fragt sich, warum er solche Sachen träumt.

Mein Wortschatz

der Abfall
der Abfalleimer
Abfall vermeiden
der Altglascontainer
die Altkleidersammlung
die Biotonne
entsorgen
der gelbe Sack
giftig
kaputt
der Komposthaufen
der Müll
die Müllabfuhr
der Müllberg
die Mülldeponie

der Müllmann
die Müllmassen
die Mülltonne
die Mülltrennung
der Papierkorb
die Papiertonne
das Pfandglas
das Recycling

die Restmülltonne
der Sondermüll
der Sperrmüll
umweltfreundlich
verbraucht
wegwerfen
der Wertstoff
die Wiederverwertung

eigenartig

außergewöhnlich
komisch
seltsam
ungewöhnlich

Sag's mal anders!

Leicht bewölkt

Morgen will die Schillerschule ihren halbjährlichen Wandertag durchführen – wenn das Wetter mitmacht. Gegen Abend möchte Miriam von ihrem Papa wissen, ob morgen schönes Wetter ist.

„Ich glaube schon."

„Aber du bist nicht sicher", hakt Miriam nach.

„Ganz sicher kann niemand das Wetter vorhersagen", meint Papa.

„Aber im Radio und im Fernsehen sagen sie doch immer, wie das Wetter am nächsten Tag wird." Miriam lässt nicht locker.

„Richtig", bestätigt Papa. „Die wissen von den Wetterstationen und von Satelliten im Weltraum, ob der Wind aus kalten oder warmen Gebieten kommt, ob Wolken im Anzug sind oder nicht. Wenn die Satellitenfotos zeigen, dass es morgen über Deutschland bewölkt sein wird, heißt das aber noch nicht, dass es über unserer Stadt regnet. Vielleicht lassen die Wolken den Regen erst fünfzig Kilometer weiter fallen. Nur wenn es fast windstill ist und keine Wolken in Sicht sind, weiß man ziemlich sicher, dass es am nächsten Tag schön sein wird." Miriam läuft in den Garten und kommt wenig später zurück.

„Es weht nur ein ganz, ganz leichter Wind und es sind nur ein paar kleine Wolken am Himmel."

„Wie könnte das Wetter dann morgen sein?", fragt Papa.

Miriam überlegt, bevor sie antwortet: „Leicht bewölkt, aber trotzdem schön, glaube ich."

Papa schmunzelt. „Das war fast so gut wie die Wettervorhersage im Radio."

Mein Wortschatz

bewölkt
der Blitz
der Donner
eisig
fallen
das Fernsehen
das Gewitter
der Hagel
heiß
der Himmel
kalt
kühl
der Meteorologe
die Meteorologin
der Nebel

das Radio
der Regen
regnen
der Satellit
der Schnee
schön
schwül
der Sturm
stürmisch
die Temperatur

vorhersagen
warm
der Weltraum
das Wetter
die Wetterstation
die Wettervorhersage
der Wind
die Windstärke
windstill
die Wolke

Wenn der Wasserhahn tropft

Seit drei Tagen benimmt sich Felix sehr eigenartig. Sobald im Haus irgendwo Wasser läuft, ist er sofort zur Stelle und schreibt seine Beobachtungen in ein Notizbuch – wie ein Detektiv.

„Was soll denn das?", fragt seine Mutter schon leicht genervt.

„Ihr verbraucht alle zu viel Wasser", sagt Felix.

„Wie bitte?", fragt der Vater.

„Was soll das heißen?"

Felix schlägt sein Notizbuch auf und liest vor: „Der Wasserhahn läuft beim Spülen. Felicitas duscht zweimal am Tag. Mama nimmt ein Vollbad statt zu duschen. Alle spülen auf dem Klo zu lange. Wasserhahn im Bad tropft. Papa wäscht das Auto, obwohl es nicht schmutzig ist …"

„Jetzt reicht's!", unterbricht ihn der Vater. „Wie kommst du dazu …"

„Wir müssen aufschreiben, wo unnötig Wasser verbraucht wird und wie man Wasser sparen kann", sagt Felix schnell.

„Ja aber …"

„Die Leute denken immer, es gäbe genug Wasser, weil man nur einen Hahn aufdrehen muss und schon läuft es", redet Felix einfach weiter.

Mein Wortschatz

der Bach
duschen
feucht
der Fluss
gereinigt
die Kläranlage
das Klo
knapp
kochen
kostbar
das Meer
nass
die Quelle
der Regen
salzig

schmutzig
der See
sparen
spritzen
spülen
der Teich
trinken
das Trinkwasser

tröpfeln
verbraucht
das Vollbad
waschen
das Wasser
der Wasserhahn
die Wasserleitung
der Wasserverbrauch

Sag's mal anders!

kostbar

einmalig
rar
viel wert
wertvoll

„Aber gutes Wasser ist knapp. Das meiste Wasser auf der Erde ist so salzig oder schmutzig, dass man es zum Trinken, Kochen und Waschen nicht nehmen kann. Und das Wasser aus Flüssen und Seen muss in Kläranlagen gereinigt werden, bevor es sauber aus dem Hahn läuft. Das ist sehr teuer."

Felix' Eltern sind sprachlos. Dafür redet Felix weiter: „Sauberes, gutes Wasser ist sehr kostbar. Deshalb müssen wir damit sparen und dürfen es nicht unnötig verbrauchen." Die Eltern gucken wie zwei ertappte Kinder und können nur nicken.

Ein kleines Paradies

Familie Finkenstein macht eine Radtour ins Grüne. Nach ein paar Kilometern ruft Manuel: „Anhalten! Ich brauche eine Pause!"

Die Eltern und Franziska bremsen und stellen ihre Räder ab.

Manuel geht zum Ufer des Baches, der neben dem Radweg fließt.

Er schöpft mit den Händen Wasser und klatscht es sich ins Gesicht, um sich zu erfrischen. Dann will er davon trinken.

„Nicht trinken", sagt Mama.

„Man weiß nie, was in dem Wasser alles drin ist."

„Aber es ist doch ganz klar."

„Trotzdem könnten Giftstoffe drin sein, die man nicht sieht", sagt Papa.

„Da schwimmt ein Fisch!", ruft Franziska. „Und da noch einer!"

Alle schauen gebannt den beiden Fischen zu, wie sie flink zwischen den Steinen verschwinden.

Nach einer kleinen Pause fährt die Familie weiter bis zu einem Teich. Dort schwimmt eine Ente mit ihren Küken. Aus dem Schilf steigen Vögel auf. Und mitten im Teich blühen sogar Seerosen.

„Das ist ja ein kleines Paradies", schwärmt Mama.

„Jetzt fehlt nur noch, dass Frösche quaken", sagt Papa.

„He, seht mal!", ruft Manuel. „Das sieht aus wie ein kleiner Hubschrauber."

„Das ist eine Libelle", erklärt Franziska ihrem Bruder.

Die Libelle scheint einen Augenblick über dem Wasser zu stehen und schwupp – schon ist sie weg.

„Schön, dass es so etwas noch gibt", sagt Mama.

Mein Wortschatz

der Bach
blühen
die Ente
der Fisch
die Forelle
der Frosch
der Froschlaich
das Gewässer
die Giftstoffe
das Gras
der Karpfen
die Kaulquappe
das Küken
die Libelle
die Mücke

das Naturschutzgebiet
plätschern
quaken
der Reiher
der Rohrkolben
das Schilf
die Schwertlilie
die Seerose
das Seerosenblatt
der Stein
surren
tauchen
der Teich
das Ufer
die Uferböschung

flink

blitzartig
eilig
flugs
geschwind
rasch
schnell

Sag's mal anders!

der Vogel
die Wasserschnecke

Wie ein Urwald

Die Mädchen und Jungen reden im Unterricht über die vier Jahreszeiten. Für die meisten ist der Sommer mit Ferien und Freibad die schönste Zeit im Jahr, für die wenigsten der Herbst. Einige finden den Winter mit Schnee und Weihnachten besser, andere den Frühling.

„Wenn nach dem kalten Winter im Frühling die Sonne wieder mehr scheint und draußen alles zu wachsen beginnt, freue ich mich ganz arg", sagt Katharina. Dann erzählt sie von ihrem großen Garten, der völlig anders aussieht als die anderen Gärten des Ortes. „Wir haben keinen Rasen, sondern eine Wiese, auf der viele Blumen wachsen: Gänseblümchen, Löwenzahn, Margeriten, Hahnenfuß, Fingerhut, rote Lichtnelken und noch ein paar andere, die ich nicht kenne. Wir haben auch Obstbäume, Haselnuss-, Flieder- und Holundersträucher."

„Mein Papa hat mal gesagt", redet Clara dazwischen, „euer Garten sieht aus wie ein Urwald."

„Ein bisschen schon", gibt Katharina zu. „Aber uns gefällt er so."

„Ich bin sicher, verschiedenen Tieren gefällt euer Garten auch", sagt der Lehrer.

„Ja, bei uns bauen Vögel ihre Nester", berichtet Katharina. „Und wir haben noch Nistkästen an die Bäume gehängt.

Es gibt auch ganz viele Schmetterlinge und manchmal höre ich es bis in mein Zimmer summen, so viele Bienen sind im Garten.

Ich habe auch schon Igel gesehen, und wenn im Herbst die Haselnüsse reif sind, kommt ein Eichhörnchen, holt sie runter und vergräbt sie. Das sieht immer putzig aus."

Der Lehrer wiegt nachdenklich den Kopf. „In eurem Wiesengarten ist viel mehr Leben als in den üblichen Rasengärten. Wenn ich einen Garten hätte, müsste er auch so lebendig sein."

Mein Wortschatz

die Biene
blühen
die Blume
die Blüte
das Eichhörnchen
der Fingerhut
der Flieder
der Frühling
das Gänseblümchen
der Garten
das Gras
die Haselnuss
der Herbst
der Holunder
der Igel

putzig

drollig
goldig
lustig
süß
witzig

Sag's mal anders!

die Jahreszeiten
der Löwenzahn
die Margerite
das Nest
der Nistkasten
der Obstbaum
der Rasen
der Schmetterling
der Sommer
die Sonne
der Strauch
summen
der Vogel
wachsen
der Winter

Wo ist der Fuchs bei Tag?

Lara, Jan und Fabrizio sind mal wieder auf Abenteuersuche. Als sie den Wald betreten, ist ihnen, als kämen sie in eine andere Welt. Hier ist es viel dunkler als draußen und still, unheimlich still. Die drei Kinder gehen langsam weiter, flüstern nur noch und schrecken bei jedem Geräusch zusammen. Es dauert eine Weile, bis sie sich an die neue Welt gewöhnt haben, dann werden sie wieder etwas lauter. Sie gehen zu dem Versteck, das sie im vergangenen Sommer aus Zweigen gebaut haben. Aber jetzt liegen dort nur noch Äste mit einzelnen braunen Blättern. Plötzlich raschelt es hinter ihnen. Blitzschnell drehen sie sich um und sehen ein Eichhörnchen. Es läuft zum nächsten Baum und klettert am Stamm hoch. Ein Vogel fliegt kreischend auf. Unten guckt eine Maus neugierig aus ihrem Loch, kommt heraus und huscht davon.

„Der Wald ist wie ein großes Haus", flüstert Jan. „Unter dem Boden, im Keller, wohnen Mäuse, Käfer, Würmer und noch mehr winzige Tierchen."
„Im Erdgeschoss wohnen Rehe, Hirsche, Wildschweine, Füchse und Hasen", führt Lara den Gedanken weiter.
Fabrizio zeigt zu den Baumkronen hoch. „Und dort oben wohnen Eichhörnchen und Vögel."
„Habt ihr schon mal einen Fuchs oder ein Wildschwein gesehen?", fragt Jan leise.
„Nur im Wildgehege hinter einem Zaun", antwortet Fabrizio.
Jan schaut sich um. „Ob es in diesem Wald auch welche gibt?"
„Bei Tag schlafen die", macht Lara sich und den anderen Mut.
„Hoffentlich", murmelt Jan.

Mein Wortschatz

die	Ameise		rascheln	der	Vogel
der	Ameisenhügel	der	Pilz	der	Wald
der	Ast	das	Reh	die	Waldlichtung
der	Baum		schattig	das	Waldsterben
die	Baumkrone	der	Specht	das	Wildgehege
das	Blatt	der	Stamm	das	Wildschwein
	dunkel	der	Tannenzapfen	der	Wurm
das	Eichhörnchen	das	Versteck	der	Zweig
der	Fuchs				
der	Hase				
der	Hirsch				
der	Käfer				
das	Laub				
die	Maus				
das	Moos				

huschen

flitzen

rennen

sausen

wuseln

Sag's mal anders!

53

Einfach vergessen!

Endlich hat Vanessa den lang ersehnten Zwerghasen bekommen. Sie tauft ihn Moppel und würde am liebsten den ganzen Tag mit ihm spielen. Aber das geht natürlich nicht, weil Vanessa in die Schule muss und Moppel auch mal seine Ruhe braucht. Dann liegt er in seinem Käfig, den Papa extra gekauft hat. Wenn er Zeit hat, will Papa aus Maschendraht ein großes Laufgitter bauen und im Garten aufstellen. Dann hat Moppel mehr Auslauf und fühlt sich bestimmt wohler. Aber noch verbringt Moppel viel Zeit in seinem kleinen Käfig.

Nach einigen Tagen sagt Mama zu Vanessa: „Ich glaube, dein Moppel würde sich sehr freuen, wenn du seinen Käfig mal ausmisten und putzen würdest."
„Kannst du das nicht machen?"
Mama schüttelt den Kopf. „Moppel ist doch dein Hase. Du hast deine Freude an ihm und du musst auch dafür sorgen, dass er sich wohl fühlt. Dazu gehört nun mal ein sauberer Käfig."
„Also gut", brummt Vanessa. „Aber erst muss ich noch Schularbeiten machen."
Während Vanessa über den Rechenaufgaben sitzt, ruft ihre Freundin Rici an. Und wenig später ist Vanessa verschwunden.
Als sie wieder nach Hause kommt, warten ihre Eltern schon.

Mein Wortschatz

das Aquarium
ausführen
der Auslauf
ausmisten
der Fisch
füttern
gesund
der Goldfisch
der Hamster
das Haustier
der Hund
der Käfig
der Kanarienvogel
die Katze
das Laufgitter

das Lebewesen
der Maschendraht
das Meerschweinchen
putzen
sauber
die Schildkröte
streicheln
der Tierarzt
die Tierärztin
verantwortlich
versorgen
der Wellensittich
zahm
zutraulich
der Zwerghase

verschwunden

nicht mehr da
unauffindbar
verschollen
weg

Sag's mal anders!

„Du solltest doch den Käfig noch ausmisten", sagt Mama.
„Hab ich vergessen", murmelt Vanessa.
„Vergessen?" Papa reibt sich das Kinn. „Du wolltest unbedingt einen Zwerghasen. Jetzt hast du einen und bist auch für ihn verantwortlich. Du kannst Moppel nicht einfach in die Ecke stellen wie ein Spielzeug und wieder hervorholen, wenn du Lust dazu hast. Moppel ist kein Spielzeug, sondern ein Lebewesen. Er braucht dich und er muss sich auf dich verlassen können, so wie du dich auf uns verlassen kannst."
Vanessa nickt.

Im Nachschlagen unschlagbar!

Ein Wörterbuch ist zum Nachschlagen da. Und damit du das Wort, das du suchst, auch schnell findest, musst du nur einige Kleinigkeiten beachten. Eine Regel gilt für alle Wörterbücher: Die Wörter sind nach dem Abc geordnet.

Die Abc-Leiste

Damit du immer weißt, wo du gerade im Abc bist, siehst du eine farbige Abc-Leiste am Rand jeder Seite. Der entsprechende Buchstabe ist mit einem farbigen Kasten markiert. Solltest du also mal etwas durcheinander kommen, wirf einen Blick auf die Abc-Leiste. Das hilft auch, wenn du dir nicht sicher bist, welche Buchstaben aufeinander folgen.

Die Hilfsleiste

Oben auf jeder Doppelseite befindet sich eine Hilfsleiste. Sie zeigt dir den ersten und die zweiten Buchstaben der Wörter an. So kannst du gezielt nach Wörtern mit „Bl" oder „Lu" suchen. Denn auch unter jedem Anfangsbuchstaben sind die Wörter nach dem Abc geordnet.

Bi Bl

die	**Bitte**, die Bitten
	bitten, du bittest, er bat, sie hat gebeten
	bitter
➤	**Bl**
die	**Blamage**, die Blamagen (sprich: blamaasche)
sich	**blamieren**, du blamierst dich

Buchstabenwechsel

Jeder Buchstabenwechsel des 2. Buchstabens ist in der Spalte farbig angegeben und markiert.

Wer sucht, der findet!

Die meisten Wörter, die du suchst, wirst du an der richtigen Stelle finden.

1. Namenwörter (Nomen)

Du findest sie in der Einzahl. Die Mehrzahl steht direkt dahinter. Nur wenn Einzahl und Mehrzahl gleich sind, ist das Wort nur einmal angegeben. Wenige Wörter in der deutschen Sprache kennen keine Mehrzahl. Dann steht natürlich auch nichts da.

Zum Beispiel:

der **Affe**, die Affen

der **Anker** – die Mehrzahl heißt ebenfalls „Anker"

der **Atem** – hierzu gibt es keine Mehrzahl

Bilde immer zuerst die Einzahl, wenn du ein Wort in der Mehrzahl suchst:

die **Affen** – der **Affe**

Wenn du zu einem Namenwort den Begleiter (Artikel) wissen willst, schlage unter dem Namenwort nach:

Recycling – **das** Recycling

2. Zeitwörter (Verben)

Du findest sie in der Grundform und in der Gegenwart. Wenn die Vergangenheit nicht mit „-te" gebildet wird, sind die 1. Vergangenheit (Präteritum) und die 2. Vergangenheit (Perfekt) ebenfalls dazugeschrieben.

Zum Beispiel:

gehen, du gehst, er ging, sie ist gegangen

Suche also immer zuerst nach der Grundform, wenn du wissen möchtest, wie die Vergangenheitsform geschrieben wird:

er **las** ein Buch – **lesen**, du liest, **sie las**, er hat gelesen

3. Eigenschaftswörter (Adjektive)

Bei besonderen Adjektiven steht auch die Steigerungsform.

Zum Beispiel: gut – besser – am besten

Suche nach der Grundstufe:
größer – groß, **größer**, am größten

4. Fremdwörter

Fremdwörter werden häufig anders ausgesprochen, als man sie schreibt. Du findest hinter jedem schwierigen Fremdwort seine Aussprache. Schau auf die Seiten 191/192, wenn du weißt, wie man ein Wort ausspricht, aber es nicht schreiben kannst.

Nichts gefunden?

Manche zusammengesetzten Wörter sind nicht extra aufgeführt. Zerlege das Wort in seine Bestandteile und schau unter den Einzelbegriffen nach.

Zum Beispiel:

die **Sporttasche**: Schlage **Sport** nach und **Tasche** und setze beide Wörter zusammen!

durchlesen: Schlage **durch** nach und **lesen** und setze beide Wörter zusammen!

entnehmen: Schlage zuerst ein Wort mit **ent** nach, zum Beispiel **ent**laufen, dann suche **nehmen**.

spiegelglatt: Schlage **Spiegel** nach und **glatt** und setze beide Wörter zusammen!

Wenn dein Wort nicht in diesem Wörterbuch steht, suche ein verwandtes Wort!

Zum Beispiel:

die **Fröhlichkeit** – Schau bei **fröhlich** nach!

Ganz schön knifflig!

Manche Wörter beginnen mit einem anderen Buchstaben, als du vielleicht denkst. Dann probiere es an anderer Stelle noch mal!

der **Campingplatz** steht unter **C**, nicht unter **K**

das **Phantom** steht unter **Ph**, nicht unter **F**

der **Vampir** steht unter **V**, nicht unter **W**

➡ Ein Tipp zum Schluss

Schlag immer nach, wenn du unsicher bist, wie man ein Wort schreibt. Mit etwas Übung wird es dir immer schneller gelingen. Dann bist du bald im Nachschlagen unschlagbar. Du wirst dir immer mehr Wörter merken und sie nicht mehr nachschlagen müssen. Und dann? Keine Sorge! Es bleiben immer genug schwierige Wörter übrig – für dich, für mich und alle Menschen, die richtig schreiben möchten.

Aa

der **Aal**, die Aale

Ab

ab

die **Abbildung**, die Abbildungen

abbrechen,
du brichst ab, sie hat abgebrochen

das **Abc**

der **Abend**, die Abende,
eines Abends, heute Abend

das **Abendbrot**

das **Abendessen**

abends

das **Abenteuer**

der **Abenteuerspielplatz**,
die Abenteuerspielplätze

aber

abfahren, du fährst ab,
sie fuhr ab, er ist abgefahren

die **Abfahrt**, die Abfahrten

der **Abfall**, die Abfälle

der **Abfalleimer**

die **Abfallvermeidung**

abfliegen, du fliegst ab, er flog ab,
sie ist abgeflogen

abgeben, du gibst ab, sie gab ab,
er hat abgegeben

abgehetzt

abgelenkt

abgemacht

abgucken, du guckst ab

der **Abhang**, die Abhänge

abholen, du holst ab

das **Abitur**

sich **abkühlen**, du kühlst dich ab

die **Abkürzung**, die Abkürzungen

ablehnen, du lehnst ab

abnehmen,
du nimmst ab, er nahm ab,
sie hat abgenommen

abreisen, du reist ab
(in die Ferien abreisen)

abreißen, du reißt ab, er riss ab,
sie hat abgerissen
(ein Haus abreißen)

der **Absatz**, die Absätze

abschalten, du schaltest ab

abscheulich

der **Abschied**, die Abschiede

abschließen,
du schließt ab, sie schloss ab,
er hat abgeschlossen

abschneiden,
du schneidest ab, er schnitt ab,
sie hat abgeschnitten

abschreiben,
du schreibst ab, sie schrieb ab,
er hat abgeschrieben

abseits

absenden, du sendest ab,
er sandte ab,
auch: er sendete ab,
sie hat abgesandt,
auch: sie hat abgesendet

der **Absender**

absichtlich

abspringen,
du springst ab, sie sprang ab,
er ist abgesprungen

abspülen, du spülst ab

der **Abstand**, die Abstände
abstürzen, du stürzt ab
das **Abteil**, die Abteile
abwärts
das **Abwasser**, die Abwässer
abwechseln, du wechselst ab
abwechselnd
abwehren, du wehrst ab
abzählen, du zählst ab
das **Abziehbild**, die Abziehbilder

Ac
ach!
die **Achse**, die Achsen
die **Achsel**, die Achseln
acht, achtmal
achten, du achtest
die **Achterbahn**, die Achterbahnen
Acht geben, du gibst Acht,
er gab Acht, sie hat Acht gegeben
achtzehn
achtzig
ächzen, du ächzt
der **Acker**, die Äcker
die **Action** (sprich: äktschn)
der **Actionfilm**, die Actionfilme

Ad
addieren, du addierst
die **Addition**, die Additionen
ade
die **Ader**, die Adern
das **Adjektiv**, die Adjektive
der **Adler**
adoptieren, du adoptierst
(ein Kind adoptieren)
die **Adoptiveltern**
die **Adresse**, die Adressen
der **Advent**
die **Adventsfeier**, die Adventsfeiern

Ae
die **Aerobic**, auch: das Aerobic

Af
der **Affe**, die Affen
Afrika
der **Afrikaner**
die **Afrikanerin**, die Afrikanerinnen
afrikanisch
der **After**

Ag
die **AG** (Abkürzung für
Arbeitsgemeinschaft), die AGs
aggressiv
Ägypten

Ah
aha!
ahnen, du ahnst etwas
ähnlich
die **Ähnlichkeit**, die Ähnlichkeiten
die **Ahnung**, die Ahnungen
ahnungslos
der **Ahorn**, die Ahornbäume
die **Ähre**, die Ähren

Ai
das **Aids** (sprich: äids) (Krankheit)
der **Airbag** (sprich: ährbäg),
die Airbags (Luftkissen im Auto)

Ak
der **Akkord**, die Akkorde
das **Akkordeon**, die Akkordeons
der **Akku**, die Akkus
der **Akkusativ**
der **Akrobat**, die Akrobaten
die **Akrobatin**, die Akrobatinnen
die **Aktion**, die Aktionen
aktiv
aktuell
akzeptieren, du akzeptierst

A
B
C
D
E
F
G
H
I
J
K
L
M
N
O
P
Q
R
S
T
U
V
W
X
Y
Z

➤ Al

der **Alarm**

alarmieren, du alarmierst

albern

das **Album**, die Alben

der **Alptraum**, die Alpträume

der **Alkohol**

alkoholfrei

Allah

alle, alles

die **Allee**, die Alleen

allein

die **Allergie**, die Allergien

Allerheiligen

allmählich

die **Alpen**

das **Alphabet**

alphabetisch

als

also

alt, älter, am ältesten

der **Altar**, die Altäre

das **Alter**

der **Altglascontainer**

die **Altkleidersammlung**,
die Altkleidersammlungen

die **Alufolie**, die Alufolien

➤ Am

am

der **Amateur**, die Amateure

die **Ameise**, die Ameisen

der **Ameisenhügel**

Amerika

der **Amerikaner**

die **Amerikanerin**,
die Amerikanerinnen

amerikanisch

die **Ampel**, die Ampeln

amputieren, du amputierst

die **Amsel**, die Amseln

das **Amt**, die Ämter

sich **amüsieren**, du amüsierst dich

➤ An

an

die **Ananas**, die Ananas,
auch: die Ananasse

anbieten, du bietest an, er bot an,
sie hat angeboten

der **Anblick**

anbrennen, es brennt an,
es brannte an, es ist angebrannt

andächtig

andauernd

das **Andenken**

andere

ändern, du änderst

anders

aneinander

anfahren, du fährst an,
sie fuhr an, er ist angefahren

der **Anfall**, die Anfälle

der **Anfang**, die Anfänge

anfangen, du fängst an,
er fing an, sie hat angefangen

anfangs

anfassen, du fasst an

anfeuern, du feuerst an

angeben, du gibst an, sie gab an,
er hat angegeben

der **Angeber**

angeblich

das **Angebot**, die Angebote

die **Angel**, die Angeln

angeln, du angelst

angenehm

angeschnallt

Anker

der	**Angestellte**, die Angestellten
die	**Angestellte**, die Angestellten
die	**Angina**
	angreifen, du greifst an,
	sie griff an, er hat angegriffen
der	**Angriff**, die Angriffe
	angriffslustig
die	**Angst**, die Ängste
	ängstlich
	angucken, du guckst an
	anhalten, du hältst an, er hielt an,
	sie hat angehalten
der	**Anhänger**
	anhänglich
	anheben, du hebst an, er hob an,
	sie hat angehoben
der	**Anker**
	anklagen, du klagst an
der	**Angeklagte**, die Angeklagten
die	**Angeklagte**, die Angeklagten
	anklopfen, du klopfst an

	ankommen, du kommst an,
	sie kam an, er ist angekommen
	ankreuzen, du kreuzt an
die	**Ankunft**
die	**Anlage**, die Anlagen
der	**Anlass**, die Anlässe
der	**Anlauf**, die Anläufe
sich	**anlehnen**, du lehnst dich an
	anmalen, du malst an
sich	**anmelden**, du meldest dich an
die	**Anmeldung**, die Anmeldungen
die	**Annahme**, die Annahmen
	annehmen,
	du nimmst an, er nahm an,
	sie hat angenommen
die	**Annonce**, die Annoncen
	annoncieren, du annoncierst
der	**Anorak**, die Anoraks
der	**Anpfiff**
der	**Anruf**, die Anrufe
	anrufen, du rufst an, sie rief an,
	er hat angerufen
	ansagen, du sagst an
der	**Ansager**
die	**Ansagerin**, die Ansagerinnen
	anschauen, du schaust an
	anscheinend
	anschließend
der	**Anschluss**, die Anschlüsse
sich	**anschnallen**,
	du schnallst dich an
die	**Anschrift**, die Anschriften
	ansehen, du siehst an, er sah an,
	sie hat angesehen
die	**Ansicht**, die Ansichten
die	**Ansichtskarte**, die Ansichtskarten
	anständig
	anstatt

A B C D E F G H I J K L M N O P Q R S T U V W X Y Z

A
B
C
D
E
F
G
H
I
J
K
L
M
N
O
P
Q
R
S
T
U
V
W
X
Y
Z

sich **anstecken**, du steckst dich an
ansteckend

sich **anstrengen**, du strengst dich an
anstrengend

die **Anstrengung**,
die Anstrengungen

die **Antenne**, die Antennen

die **Antilope**, die Antilopen

der **Antrag**, die Anträge

der **Antrieb**

die **Antwort**, die Antworten
antworten, du antwortest
anwenden, du wendest an,
sie wandte an,
auch: sie wendete an,
er hat angewandt,
auch: er hat angewendet
anwesend

die **Anwesenheit**

die **Anzahl**

das **Anzeichen**

die **Anzeige**, die Anzeigen
anziehen, du ziehst an, er zog an,
sie hat angezogen

der **Anzug**, die Anzüge
anzünden, du zündest an

Ap

der **Apfel**, die Äpfel

der **Apfelbaum**, die Apfelbäume

das **Apfelmus**

der **Apfelsaft**, die Apfelsäfte

die **Apfelsine**, die Apfelsinen

die **Apotheke**, die Apotheken

der **Apotheker**

die **Apothekerin**, die Apothekerinnen

der **Apparat**, die Apparate

der **Appetit**, guten Appetit
appetitlich

Artistin

der **Applaus**

die **Aprikose**, die Aprikosen

der **April**

Aq

das **Aquarium**, die Aquarien

Ar

die **Arbeit**, die Arbeiten
arbeiten, du arbeitest

der **Arbeiter**

die **Arbeiterin**, die Arbeiterinnen
arbeitslos

die **Arbeitsstelle**, die Arbeitsstellen

der **Architekt**, die Architekten

die **Architektin**, die Architektinnen
arg, ärger, am ärgsten

der **Ärger**, Ärger haben
ärgerlich

sich **ärgern**, du ärgerst dich

das **Argument**, die Argumente
arm, ärmer, am ärmsten

der **Arm**, die Arme

das **Armaturenbrett**,
die Armaturenbretter

der **Ärmel**

die **Armut**

das **Aroma**, die Aromen

die **Art**, die Arten

artig

der **Artikel**

der **Artist**, die Artisten

die **Artistin**, die Artistinnen

die **Arznei**, die Arzneien

der **Arzt**, die Ärzte

die **Ärztin**, die Ärztinnen

As

die **Asche**

der **Aschermittwoch**

der **Asiat**, die Asiaten

die **Asiatin**, die Asiatinnen

asiatisch

Asien

der **Asphalt**

das **Ass**, die Asse

der **Ast**, die Äste

der **Astronaut**, die Astronauten

die **Astronautin**, die Astronautinnen

der **Asylbewerber**

die **Asylbewerberin**,
die Asylbewerberinnen

der **Asylsuchende**,
die Asylsuchenden

die **Asylsuchende**,
die Asylsuchenden

At

der **Atem**

atemlos

das **Atemschutzgerät**,
die Atemschutzgeräte

der **Athlet**, die Athleten

die **Athletin**, die Athletinnen

der **Atlantik**, der Atlantische Ozean

der **Atlas**, die Atlanten,
auch: die Atlasse

atmen, du atmest

das **Atom**, die Atome

die **Atombombe**, die Atombomben

das **Atomkraftwerk**,
die Atomkraftwerke

das **Attest**, die Atteste

Au

au!

auch

Auf

auf

aufbewahren, du bewahrst auf

aufdringlich

aufeinander

die **Auffahrt**, die Auffahrten

auffallen, du fällst auf, er fiel auf,
sie ist aufgefallen

auffällig

auffordern, du forderst auf

die **Aufgabe**, die Aufgaben

der **Aufgang**, die Aufgänge

aufgehen, sie geht auf,
sie ging auf, er ist aufgegangen

aufgeregt

aufgeweckt

aufhalten, du hältst auf,
er hielt auf, sie hat aufgehalten

aufheben, du hebst auf,
sie hob auf, er hat aufgehoben

aufhören, du hörst auf

der **Aufkleber**

der **Auflauf**, die Aufläufe

aufmachen, du machst auf

A
B
C
D
E
F
G
H
I
J
K
L
M
N
O
P
Q
R
S
T
U
V
W
X
Y
Z

aufmerksam

die **Aufmerksamkeit,**
die Aufmerksamkeiten

die **Aufnahme,** die Aufnahmen

aufnehmen, du nimmst auf,
er nahm auf, sie hat aufgenommen

aufpäppeln, du päppelst auf

aufpassen, du passt auf

aufräumen, du räumst auf

aufrecht

aufregen, du regst dich auf

aufregend

die **Aufregung,** die Aufregungen

aufsagen, du sagst auf

der **Aufsatz,** die Aufsätze

aufschlagen,
du schlägst auf, sie schlug auf,
er hat aufgeschlagen

aufschließen,
du schließt auf, er schloss auf,
sie hat aufgeschlossen

der **Aufschnitt**

die **Aufsicht,** die Aufsichten

aufstehen, du stehst auf,
er stand auf, sie ist aufgestanden

der **Auftrag,** die Aufträge

auftreten, du trittst auf,
sie trat auf, er ist aufgetreten

aufwachen, du wachst auf

aufwärts

aufwecken, du weckst auf

der **Aufzug,** die Aufzüge

das **Auge,** die Augen

der **Augenblick,** die Augenblicke

die **Augenbraue,** die Augenbrauen

das **Augenlid,** die Augenlider

der **August**

die **Aula,** die Aulen, auch: die Aulas

☛ **Aus**

aus

ausbessern, du besserst aus

die **Ausbeutung**

ausbilden, du bildest aus

die **Ausbildung,** die Ausbildungen

der **Ausblick,** die Ausblicke

ausbrechen, du brichst aus,
er brach aus, sie ist ausgebrochen

ausbreiten, du breitest aus

der **Ausbruch,** die Ausbrüche

die **Ausdauer**

ausdauernd

der **Ausdruck,** die Ausdrücke

sich **ausdrücken,** du drückst dich aus

ausdrücklich

auseinander

die **Auseinandersetzung,**
die Auseinandersetzungen

die **Ausfahrt,** die Ausfahrten

ausfallen, der Unterricht fällt aus,
er fiel aus, er ist ausgefallen

ausflippen, du flippst aus

der **Ausflug,** die Ausflüge

ausführen, du führst aus

ausführlich

der **Ausgang,** die Ausgänge

ausgeben, du gibst aus,
er gab aus, sie hat ausgegeben

ausgehen, du gehst aus,
sie ging aus, er ist ausgegangen

ausgerechnet

ausgezeichnet

aushalten, du hältst aus,
er hielt aus, sie hat ausgehalten

aushecken, du heckst aus

aushöhlen, du höhlst aus

die **Auskunft,** die Auskünfte

auslachen, du lachst aus

der **Ausländer**

die **Ausländerin**, die Ausländerinnen

ausländisch

der **Auslauf**

ausleihen, du leihst aus,
er lieh aus, sie hat ausgeliehen

auslöffeln, du löffelst aus

ausmisten, du mistest aus

die **Ausnahme**, die Ausnahmen

ausnahmsweise

ausprobieren, du probierst aus

der **Auspuff**, die Auspuffe

ausrechnen, du rechnest aus

die **Ausrede**, die Ausreden

ausreichend

der **Ausreißer**

der **Ausrufesatz**, die Ausrufesätze

das **Ausrufezeichen**

sich **ausruhen**, du ruhst dich aus

die **Ausrüstung**, die Ausrüstungen

ausrutschen, du rutschst aus

ausschalten, du schaltest aus

der **Ausschlag**, die Ausschläge

außen

außer

außerdem

außergewöhnlich

außerhalb

sich **äußern**, du äußerst dich

die **Aussicht**, die Aussichten

aussichtslos

aussteigen, du steigst aus,
sie stieg aus, er ist ausgestiegen

die **Ausstellung**, die Ausstellungen

aussuchen, du suchst aus

Australien

der **Australier**

die **Australierin**, die Australierinnen

australisch

die **Auswahl**

auswärts

der **Ausweis**, die Ausweise

auswendig

ausziehen, du ziehst aus,
er zog aus, sie ist ausgezogen

der **Auszubildende**,
die Auszubildenden

die **Auszubildende**,
die Auszubildenden

das **Auto**, die Autos

die **Autobahn**, die Autobahnen

der **Autofahrer**

die **Autofahrerin**, die Autofahrerinnen

das **Autogramm**, die Autogramme

der **Automat**, die Automaten

automatisch

der **Autor**, die Autoren

die **Autorin**, die Autorinnen

autsch!

 Ax

die **Axt**, die Äxte

Ausflug

Ba

das	**Baby** (sprich: bäbi), die Babys
der	**Bach**, die Bäche
die	**Backe**, die Backen
	backen,
	du backst, auch: du bäckst
der	**Backenzahn**, die Backenzähne
der	**Bäcker**
die	**Bäckerei**, die Bäckereien
die	**Bäckerin**, die Bäckerinnen
der	**Backofen**, die Backöfen
das	**Bad**, die Bäder
der	**Badeanzug**, die Badeanzüge
die	**Badehose**, die Badehosen
	baden, du badest
	Baden-Württemberg
die	**Badewanne**, die Badewannen
der	**Bagger**
das	**Baguette**,
	auch: die Baguette, die Baguettes
die	**Bahn**, die Bahnen
der	**Bahnhof**, die Bahnhöfe
der	**Bahnsteig**, die Bahnsteige
die	**Bahre**, die Bahren
die	**Bakterie**, die Bakterien
	balancieren, du balancierst
	bald
sich	**balgen**, du balgst dich
die	**Balgerei**, die Balgereien
der	**Balken**
der	**Balkon**, die Balkons,
	auch: die Balkone

der	**Ball**, die Bälle
das	**Ballett**
der	**Balletttänzer**
die	**Balletttänzerin**,
	die Baletttänzerinnen
der	**Ballon**, die Ballons,
	auch: die Ballone
	balzen, der Hahn balzt
die	**Banane**, die Bananen
der	**Band**, die Bände
	(ein Band des Lexikons)
das	**Band**, die Bänder (Band aus Stoff)
die	**Band** (sprich: bänd),
	die Bands (eine Musikband)
die	**Bande**, die Banden
	(eine Bande von Freunden)
	bang, auch: bange
die	**Bank**, die Bänke (eine Sitzbank)
die	**Bank**, die Banken
	(bei der Bank Geld holen)
das	**Bankkonto**, die Bankkonten,
	auch: die Bankkontos
	bar
der	**Bär**, die Bären
	barfuß
das	**Bargeld**
	barmherzig
die	**Barmherzigkeit**
das	**Barometer**
der	**Barren**
	barsch
der	**Bart**, die Bärte
der	**Basar**, die Basare,
	auch: der Bazar
der	**Baseball**
der	**Basketball**, die Basketbälle
der	**Bass**, die Bässe
die	**Bastelei**, die Basteleien

basteln, du bastelst
die **Batterie**, die Batterien
der **Bauch**, die Bäuche
der **Bauchmuskel**, die Bauchmuskeln
die **Bauchschmerzen**
das **Bauchweh**
bauen, du baust
der **Bauer**, die Bauern
die **Bäuerin**, die Bäuerinnen
der **Bauernhof**, die Bauernhöfe
der **Baukasten**, die Baukästen
der **Baum**, die Bäume
baumeln, du baumelst
die **Baumkrone**, die Baumkronen
der **Baumstamm**, die Baumstämme
die **Baumwolle**
der **Bauplatz**, die Bauplätze
Bayern
bayrisch, auch: bayerisch
der **Bazillus**, die Bazillen
auch: die Bazille

➤ **Be**

beachten, du beachtest
der **Beamte**, die Beamten
die **Beamtin**, die Beamtinnen
beantragen, du beantragst
der **Beat** (sprich: biit), die Beats
beben, es bebt
der **Becher**
das **Becken**
sich **bedanken**, du bedankst dich
bedauern, du bedauerst
bedeuten, es bedeutet
bedeutend
die **Bedeutung**, die Bedeutungen
die **Bedienung**, die Bedienungen
bedrohen, du bedrohst
bedrohlich

Ballon

die **Bedrohung**, die Bedrohungen
sich **beeilen**, du beeilst dich
beeindruckend
beeindruckt
beenden, du beendest
beerdigen, du beerdigst
die **Beerdigung**, die Beerdigungen
die **Beere**, die Beeren
das **Beet**, die Beete (Blumenbeet)
befangen
der **Befehl**, die Befehle
befehlen, du befiehlst, sie befahl,
er hat befohlen
sich **befinden**, du befindest dich,
er befand sich,
sie hat sich befunden
befreien, du befreist
die **Befreiung**, die Befreiungen
befreundet
befriedigend

die **Befruchtung**, die Befruchtungen
begabt
die **Begabung**, die Begabungen
begegnen, du begegnest
die **Begegnung**, die Begegnungen
begeistert
die **Begeisterung**
der **Beginn**
beginnen, du beginnst, er begann,
sie hat begonnen
begleiten, du begleitest
der **Begleiter**
die **Begleiterin**, die Begleiterinnen
beglückwünschen,
du beglückwünschst
begonnen
das **Begräbnis**, die Begräbnisse
begreifen, du begreifst, sie griff,
er hat begriffen
der **Begriff**, die Begriffe
begründen, du begründest
die **Begründung**, die Begründungen
begrüßen, du begrüßt
die **Begrüßung**, die Begrüßungen
behaart
behaglich
die **Behaglichkeit**,
die Behaglichkeiten
behalten, du behältst, er behielt,
sie hat behalten
der **Behälter**
behandeln, du behandelst
die **Behandlung**, die Behandlungen
das **Behandlungszimmer**
beharrlich
die **Beharrlichkeit**
behaupten, du behauptest
die **Behauptung**, die Behauptungen

beheben, du behebst, er behob,
sie hat behoben
sich **beherrschen**, du beherrschst dich
behilflich
behindern, du behinderst
behindert
die **Behinderung**, die Behinderungen
behüten, du behütest
behutsam
bei
die **Beichte**, die Beichten
beichten, du beichtest
beide
beieinander
der **Beifahrer**
die **Beifahrerin**, die Beifahrerinnen
der **Beifall**
beige (sprich: beesch) (Farbe)
das **Beil**, die Beile
das **Beileid**
beim (bei dem)
das **Bein**, die Beine
beinah, auch: beinahe
beisammen
beiseite
das **Beispiel**, die Beispiele
(z. B. – zum Beispiel)
beißen, du beißt, er biss,
sie hat gebissen
bekannt
der **Bekannte**, die Bekannten
die **Bekannte**, die Bekannten
bekommen, du bekommst,
sie bekam, er hat bekommen
der **Belag**, die Beläge
belasten, du belastest
die **Belastung**, die Belastungen
beleidigen, du beleidigst

	beleidigt
die	**Beleidigung**, die Beleidigungen
die	**Beleuchtung**, die Beleuchtungen
	Belgien
der	**Belgier**
die	**Belgierin**, die Belgierinnen
	belgisch
	beliebig
	beliebt
	bellen, er bellt
	belohnen, du belohnst
die	**Belohnung**, die Belohnungen
	bemalen, du bemalst
	bemerken, du bemerkst
	bemerkenswert
die	**Bemerkung**, die Bemerkungen
	bemitleiden, du bemitleidest
sich	**bemühen**, du bemühst dich
die	**Bemühung**, die Bemühungen
	benachbart
	benachrichtigen, du benachrichtigst
sich	**benehmen**, du benimmst dich, sie benahm sich, er hat sich benommen
	beneiden, du beneidest
der	**Bengel**
	benommen sein, du bist benommen
	benötigen, du benötigst
	benutzen, du benutzt
die	**Benutzung**
das	**Benzin**
	beobachten, du beobachtest
die	**Beobachtung**, die Beobachtungen
	bequem
	beraten, du berätst, er beriet, sie hat beraten

	berechtigt
	bereit
	bereits
	bereuen, du bereust
der	**Berg**, die Berge
	bergab
	bergauf
	bergig
	berichten, du berichtest
	berichtigen, du berichtigst
	Berlin
der	**Berliner**
die	**Berlinerin**, die Berlinerinnen
	berücksichtigen, du berücksichtigst
der	**Beruf**, die Berufe
die	**Berufsschule**, die Berufsschulen
	beruhigt
	berühmt
	berühren, du berührst
	beschädigen, du beschädigst
die	**Beschädigung**, die Beschädigungen
	beschäftigen, du beschäftigst
der	**Bescheid**, Bescheid sagen
	bescheiden
die	**Bescheidenheit**
die	**Bescheinigung**, die Bescheinigungen
	beschließen, du beschließt, sie beschloss, er hat beschlossen
der	**Beschluss**, die Beschlüsse
	beschreiben, du beschreibst, er beschrieb, sie hat beschrieben
die	**Beschreibung**, die Beschreibungen

A
B
C
D
E
F
G
H
I
J
K
L
M
N
O
P
Q
R
S
T
U
V
W
X
Y
Z

beschuldigen, du beschuldigst
die **Beschuldigung**,
    die Beschuldigungen
    beschützen, du beschützt
die **Beschwerde**, die Beschwerden
sich **beschweren**, du beschwerst dich
der **Besen**
    besessen
    besetzt
    besichtigen, du besichtigst
die **Besichtigung**, die Besichtigungen
    besiegen, du besiegst
sich **besinnen**, du besinnst dich,
    sie besann sich,
    er hat sich besonnen
    besinnungslos
der **Besitz**, die Besitztümer
    besitzen, du besitzt, sie besaß,
    er hat besessen
der **Besitzer**
die **Besitzerin**, die Besitzerinnen
    besonders
    besorgen, du besorgst
die **Besorgung**, die Besorgungen
    besorgt
    besser – gut, am besten
der **Besserwisser**
die **Besserwisserin**,
    die Besserwisserinnen
    bestätigen, du bestätigst
die **Bestätigung**, die Bestätigungen
    bestäuben, du bestäubst
die **Bestäubung**, die Bestäubungen
    bestechen, du bestichst,
    sie bestach, er hat bestochen
    bestechlich
die **Bestechung**, die Bestechungen
das **Besteck**, die Bestecke

    bestehen, du bestehst,
    sie bestand, er hat bestanden
    bestellen, du bestellst
die **Bestellung**, die Bestellungen
am **besten** – gut, besser
die **Bestie**, die Bestien
    bestimmen, du bestimmst
    bestimmt
die **Bestimmung**, die Bestimmungen
    bestrafen, du bestrafst
die **Bestrafung**, die Bestrafungen
    bestrahlen, du bestrahlst
die **Bestrahlung**, die Bestrahlungen
der **Bestseller**
    bestürzt
die **Bestürzung**
der **Besuch**, die Besuche
    besuchen, du besuchst
der **Besucher**
die **Besucherin**, die Besucherinnen
    betäuben, du betäubst
    betäubt
die **Betäubung**, die Betäubungen
    beteiligen, du beteiligst dich
die **Beteiligung**, die Beteiligungen
    beten, du betest
der **Beton**
    betonieren, er betoniert
    betonen, du betonst
die **Betonmischmaschine**,
    die Betonmischmaschinen
die **Betonung**, die Betonungen
    betrachten, du betrachtest
die **Betrachtung**, die Betrachtungen
der **Betrag**, die Beträge
sich **betragen**, du beträgst dich,
    sie betrug sich,
    er hat sich betragen

Betonmischmaschine

betreten, du betrittst, sie betrat, er hat betreten

betreuen, du betreust

der **Betrieb**, die Betriebe

der **Betrug**

betrügen, du betrügst, er betrog, sie hat betrogen

der **Betrüger**

die **Betrügerin**, die Betrügerinnen

das **Bett**, die Betten

die **Bettdecke**, die Bettdecken

betteln, er bettelt

der **Bettler**

die **Bettlerin**, die Bettlerinnen

das **Betttuch**, die Betttücher

die **Beule**, die Beulen

beurteilen, du beurteilst

die **Beurteilung**, die Beurteilungen

die **Beute**

der **Beutel**

das **Beuteltier**, die Beuteltiere

die **Bevölkerung**

bevor

bevorzugen, du bevorzugst

bewachen, du bewachst

bewaffnet

bewegen, du bewegst

beweglich

die **Bewegung**, die Bewegungen

bewegungslos

der **Beweis**, die Beweise

beweisen, du beweist, er bewies, sie hat bewiesen

sich **bewerben**, du bewirbst dich, sie bewarb sich, er hat sich beworben

die **Bewerbung**, die Bewerbungen

bewerten, du bewertest

die **Bewertung**, die Bewertungen

bewirten, du bewirtest

die **Bewirtung**, die Bewirtungen

der **Bewohner**

die **Bewohnerin**, die Bewohnerinnen

bewölkt

die **Bewölkung**

bewundern, du bewunderst

die **Bewunderung**

bewusst

bewusstlos

das **Bewusstsein**

bezahlen, du bezahlst

die **Bezahlung**

bezaubernd

bezeichnen, du bezeichnest

die **Bezeichnung**, die Bezeichnungen

die **Beziehung**, die Beziehungen

der **Bezirk**, die Bezirke

der **Bezug**, die Bezüge

Bi

die **Bibel**, die Bibeln
der **Biber**
die **Bibliothek**, die Bibliotheken
biegen, du biegst, er bog,
sie hat gebogen
biegsam
die **Biene**, die Bienen
der **Bienenstock**, die Bienenstöcke
das **Bier**, die Biere
das **Biest**, die Biester
bieten, du bietest, sie bot,
er hat geboten
der **Bikini**, die Bikinis
das **Bild**, die Bilder
das **Bilderbuch**, die Bilderbücher
der **Bildschirm**, die Bildschirme
die **Bildung**
billig
ich **bin** – sein
binden, du bindest, er band,

Blüte

sie hat gebunden
der **Bindestrich**
der **Bindfaden**, die Bindfäden
der **Bio-Bauernhof**,
die Bio-Bauernhöfe
der **Bioladen**, die Bioläden
die **Biologie**
die **Biotonne**, die Biotonnen
das **Biotop**, auch: der Biotop,
die Biotope
die **Birke**, die Birken
die **Birne**, die Birnen
bis
der **Bischof**, die Bischöfe
bisher
ein **bisschen**
bissig
du **bist** – sein
das **Bit**, die Bits
bitte
die **Bitte**, die Bitten
bitten, du bittest, er bat,
sie hat gebeten
bitter

Bl

die **Blamage**, die Blamagen
(sprich: blamaasche) (Schande)
sich **blamieren**, du blamierst dich
blank
die **Blase**, die Blasen
blasen, du bläst, sie blies,
er hat geblasen
blass
das **Blatt**, die Blätter
blättern, du blätterst
der **Blätterteig**
blau
blauäugig

bläulich

das **Blaulicht**, die Blaulichter

das **Blech**, die Bleche

das **Blei**, die Bleie

bleiben, du bleibst, sie blieb, er ist geblieben

bleich

der **Bleistift**, die Bleistifte

der **Bleistiftspitzer**

blenden, es blendet

der **Blick**, die Blicke

blicken, du blickst

blind

der **Blinddarm**, die Blinddärme

Blindekuh (Spiel)

die **Blindenschrift**

blinken, es blinkt

das **Blinklicht**, die Blinklichter

blinzeln, du blinzelst

der **Blitz**, die Blitze

der **Blitzableiter**

blitzartig

blitzschnell

der **Block**, die Blöcke, auch: die Blocks

die **Blockflöte**, die Blockflöten

blöd

blond

bloß

blühen, es blüht

die **Blume**, die Blumen

der **Blumenkohl**

der **Blumenstrauß**, die Blumensträuße

die **Bluse**, die Blusen

das **Blut**

die **Blüte**, die Blüten

bluten, du blutest

der **Blütenstaub**

der **Bluterguss**, die Blutergüsse

➥ **Bo**

der **Bob**, die Bobs

der **Bock**, die Böcke

bockig

die **Bockwurst**, die Bockwürste

der **Boden**, die Böden

das **Bodenturnen**

der **Bogen**, die Bogen, auch: die Bögen

die **Bohne**, die Bohnen

bohren, du bohrst

der **Bohrer**

die **Bohrmaschine**, die Bohrmaschinen

der **Boiler**

die **Boje**, die Bojen

der **Bolzplatz**, die Bolzplätze

bombardieren, du bombardierst

die **Bombe**, die Bomben

der **Bon**, die Bons

das **Bonbon**, auch: der Bonbon, die Bonbons

das **Boot**, die Boote

an **Bord** gehen

borgen, du borgst

die **Borste**, die Borsten

böse, auch: bös

der **Bösewicht**, die Bösewichte

der **Boss**, die Bosse

der **Bote**, die Boten

die **Boutique**, (sprich: butik), die Boutiquen (Modegeschäft)

der **Boy**, die Boys

die **Box**, die Boxen

boxen, du boxt

der **Boxer**

A
B
C
D
E
F
G
H
I
J
K
L
M
N
O
P
Q
R
S
T
U
V
W
X
Y
Z

	► **Br**
der	**Brand**, die Brände
	Brandenburg
die	**Brandstiftung**, die Brandstiftungen
	Brasilien
	brasilianisch
	braten, du brätst, sie briet, er hat gebraten
der	**Braten**
die	**Bratkartoffel**, die Bratkartoffeln
die	**Bratwurst**, die Bratwürste
der	**Brauch**, die Bräuche
	brauchbar
	brauchen, du brauchst
die	**Brauerei**, die Brauereien
	braun
die	**Brause**, die Brausen
die	**Braut**, die Bräute
das	**Brautkleid**, die Brautkleider
der	**Bräutigam**, die Bräutigame
	brav
	bravo
	brechen, du brichst, er brach, sie hat gebrochen
der	**Brei**, die Breie
	breiig
	breit
die	**Breite**
	Bremen
die	**Bremse**, die Bremsen
	bremsen, du bremst
das	**Bremslicht**, die Bremslichter
	brennbar
	brennen, es brennt, es brannte, es hat gebrannt
die	**Brennnessel**, die Brennnesseln
das	**Brett**, die Bretter

das	**Brettspiel**, die Brettspiele
die	**Brezel**, die Brezeln
der	**Brief**, die Briefe
der	**Brieffreund**, die Brieffreunde
die	**Brieffreundin**, die Brieffreundinnen
der	**Briefkasten**, die Briefkästen
die	**Briefmarke**, die Briefmarken
der	**Briefträger**
die	**Briefträgerin**, die Briefträgerinnen
das	**Brikett**, die Briketts
der	**Brillant**, die Brillanten
die	**Brille**, die Brillen
	bringen, du bringst, er brachte, sie hat gebracht
die	**Brise**, die Brisen (eine steife Brise)
	bröckeln, es bröckelt
der	**Brocken**
die	**Brombeere**, die Brombeeren
die	**Bronchitis**
die	**Bronze** (sprich: bronße) (Material)
die	**Bronzemedaille** (sprich: bronßemedallje), die Bronzemedaillen
das	**Brot**, die Brote
das	**Brötchen**
der	**Brotlaib**, die Brotlaibe
der	**Bruch**, die Brüche
die	**Brücke**, die Brücken
der	**Bruder**, die Brüder
	brüllen, du brüllst
	brummen, du brummst
der	**Brunnen**
die	**Brust**, die Brüste
	brustschwimmen
	brutal
	brüten, sie brütet

➤ **Bs**

BSE (Rinderwahnsinn)

➤ **Bu**

der **Bub**, die Buben

das **Buch**, die Bücher

die **Buche**, die Buchen

die **Bücherei**, die Büchereien

die **Buchhandlung**,
die Buchhandlungen

die **Büchse**, die Büchsen

der **Buchstabe**, die Buchstaben

buchstabieren, du buchstabierst

die **Bucht**, die Buchten

der **Buckel**

buckelig, auch: bucklig

sich **bücken**, du bückst dich

buddeln, du buddelst

die **Bude**, die Buden

der **Büffel**

der **Bug**, die Buge

der **Bügel**

das **Bügeleisen**

bügeln, du bügelst

der **Buggy** (sprich: baggi),
die Buggys (Kinderwagen)

die **Bühne**, die Bühnen

Bulgarien

der **Bulgarier**

die **Bulgarierin**, die Bulgarierinnen

bulgarisch

die **Bulldogge**, die Bulldoggen
(Hunderasse)

der **Bulle**, die Bullen

der **Bumerang**, die Bumerangs,
auch: die Bumerange

bummeln, du bummelst

der **Bund**, die Bünde

der **Bundeskanzler**

die **Bundesliga**

die **Bundesrepublik Deutschland**

die **Bundeswehr**

der **Bungalow** (sprich: bungalo),
die Bungalows (Haus)

das **Bungeejumping** (Freizeitsport)
(sprich: bandschidschamping)

bunt

das **Buntpapier**, die Buntpapiere

der **Buntstift**, die Buntstifte

die **Burg**, die Burgen

der **Burger** (sprich: börger)
(Hamburger, Cheeseburger usw.)

der **Bürger**

die **Bürgerin**, die Bürgerinnen

der **Bürgermeister**

die **Bürgermeisterin**,
die Bürgermeisterinnen

der **Bürgersteig**, die Bürgersteige

das **Büro**, die Büros

der **Bursche**, die Burschen

die **Bürste**, die Bürsten

bürsten, du bürstest

der **Bus**, die Busse

der **Busch**, die Büsche

buschig

der **Busen**

der **Busfahrer**

die **Busfahrerin**, die Busfahrerinnen

die **Bushaltestelle**,
die Bushaltestellen

der **Bussard**, die Bussarde

die **Buße**

büßen, du büßt

die **Butter**

das **Butterbrot**, die Butterbrote

der **Button** (sprich: battn),
die Buttons (Knopf)

► Ca

das **Cabrio**, die Cabrios,
    auch: das Kabrio
das **Café**, die Cafés (ins Café gehen)
die **Cafeteria**, die Cafeterias,
    auch: die Cafeterien
    campen, du campst
das **Camping**
der **Campingplatz**,
    die Campingplätze
der **Caravan**, die Caravans
    catchen (sprich: kätschen),
    du catchst (Ringkampf)

► Cd

die **CD**, die CDs
    (Abkürzung für Compactdisc)
der **CD-Player**
die **CD-ROM**, die CD-ROMs

► Ce

das **Cello** (sprich: tschello), die Celli,
    auch: die Cellos

    Celsius
das **Center** (sprich: ssenter)

► Ch

das **Chamäleon**, die Chamäleons
der **Champignon**
    (sprich: schampinjoo),
    die Champignons
der **Champion** (sprich: tschämpjen),
    die Champions
die **Chance** (sprich: schoos),
    die Chancen (Gelegenheit)
das **Chaos** (sprich: kaos),
    (Durcheinander)
    chaotisch
der **Charakter**,
    die Charaktere (Wesensart)
die **Charts** (sprich: tscharts)
    (Liste der beliebtesten Lieder)
der **Chauffeur** (sprich: schofför),
    die Chauffeure (Fahrer)
    checken (sprich: tschäken),
    du checkst (kontrollieren)
der **Chef**, die Chefs
die **Chefin**, die Chefinnen
die **Chemie**
der **Chemiker**
die **Chemikerin**, die Chemikerinnen

Campingplatz

chemisch

chic, auch: schick

China

chinesisch

der **Chip** (sprich: tschip), die Chips
(Plättchen)

das **Chlor**

der **Chor**, die Chöre

der **Christ**, die Christen

der **Christbaum**, die Christbäume

das **Christentum**

die **Christin**, die Christinnen

das **Christkind**

christlich

➤ **Ci**

ciao!, auch: tschau!

circa, auch: zirka

die **City**, die Citys

➤ **Cl**

clever

die **Clique** (sprich: klike), die Cliquen
(Gruppe von Freunden)

der **Clown** (sprich: klaun), die Clowns

der **Club**, die Clubs, auch: der Klub

➤ **Cm**

cm (Abkürzung für Zentimeter)

➤ **Co**

der **Cockerspaniel**,
die Cockerspaniels

das **Cockpit**, die Cockpits

der **Code**, die Codes, auch: der Kode
(Schlüssel für Geheimschrift)

die **Cola**, auch: das Cola, die Colas

der **Colt**, die Colts

der **Comic**, die Comics

der **Computer**

der **Computerraum**,
die Computerräume

Computer

das **Computerspiel**,
die Computerspiele

der **Container**

cool (sprich: kuul) (ruhig, toll)

die **Cornflakes** (sprich: kornflejks)

die **Couch** (sprich: kautsch) (Sofa),
die Couches, auch: die Couchen

der **Count-down** (sprich: kauntdaun)

der **Cousin** (sprich: kusäng),
die Cousins

die **Cousine**, die Cousinen,
auch: die Kusine

der **Cowboy** (sprich: kauboi),
die Cowboys

➤ **Cr**

die **Creme**, die Cremes,
auch: die Krem oder die Kreme

das **Croissant** (sprich: kroassoo),
die Croissants (Hörnchen)

➤ **Cu**

das **Curry** (sprich: körri),
auch: der Curry (Gewürz)

die **Currywurst** (sprich: körriwurst),
die Currywürste

der **Cursor** (sprich: körser)
(blinkendes Computerzeichen)

➤ **Da**

da

dabei

dableiben, du bleibst da,
er blieb da, sie ist dageblieben

das **Dach**, die Dächer

das **Dachgeschoss**,
die Dachgeschosse

die **Dachrinne**, die Dachrinnen

der **Dackel**

dadurch

dafür

dagegen

daheim

daher

dahin

dahinter

damals

die **Dame**, die Damen

damit

der **Damm**, die Dämme

der **Dampf**, die Dämpfe

der **Dampfer**

die **Dampflokomotive**,
die Dampflokomotiven

danach

der **Däne**, die Dänen

daneben

Dänemark

die **Dänin**, die Däninnen

dänisch

der **Dank**, vielen Dank

danke

danken, du dankst

dann

dar

daran, auch: dran

darauf, auch: drauf

daraus, auch: draus

darin, auch: drin

der **Darm**, die Därme

darstellen, du stellst dar

darüber, auch: drüber

darum, auch: drum

darunter, auch: drunter

das

da sein, du bist da, sie war da,
er ist da gewesen

dass (Ich möchte, dass . . .)

dasselbe

die **Datei**, die Dateien

der **Dativ**

die **Dattel**, die Datteln

das **Datum**, die Daten

die **Dauer**

der **Dauerlauf**, die Dauerläufe

dauern, es dauert

dauernd

der **Daumen**

davon

davor

dazu

dazugehören, du gehörst dazu

dazwischen

➤ **De**

die **Decke**, die Decken

die **Deckenleuchte**,
die Deckenleuchten

defekt

dehnen, du dehnst

der	**Deich**, die Deiche
	dein, deine
der	**Delfin**, die Delfine,
	auch: der Delphin, die Delphine
die	**Demo**, die Demos
	demokratisch
die	**Demonstration**,
	die Demonstrationen
	demonstrieren, du demonstrierst
	denken, du denkst, sie dachte,
	er hat gedacht
das	**Denkmal**, die Denkmäler,
	auch: die Denkmale
	denn
	dennoch
die	**Deponie**, die Deponien
	der, des, dem, den
	deren
	derselbe
	deshalb
	dessen
	desto
der	**Detektiv**, die Detektive
die	**Detektivin**, die Detektivinnen
	deutlich
	deutsch (sprechen)
	Deutsch (das Fach Deutsch)
der	**Deutsche**, die Deutschen
die	**Deutsche**, die Deutschen
	Deutschland
der	**Dezember**
der	**Dezimeter** (= 10 cm), die Dezimeter

➡ **Di**

das	**Dia,** die Dias
	diagonal
der	**Dialekt**, die Dialekte
der	**Diamant**, die Diamanten
die	**Diät**, die Diäten

	dich
	dicht
	dichten, du dichtest
der	**Dichter**
die	**Dichterin**, die Dichterinnen
	dick
das	**Dickicht,** die Dickichte
der	**Dickkopf**, die Dickköpfe
	die
der	**Dieb**, die Diebe
der	**Diebstahl**, die Diebstähle
die	**Diele**, die Dielen
	dienen, du dienst
der	**Dienst**, die Dienste
der	**Dienstag**, die Dienstage
	dienstags
	dies, diese, dieser, dieses
der	**Diesel**
	dieselbe
	diesig
die	**Differenz**, die Differenzen
das	**Diktat**, die Diktate
	diktieren, du diktierst
das	**Ding**, die Dinge
der	**Dinosaurier**
	dir
	direkt
der	**Direktor**, die Direktoren
die	**Direktorin**, die Direktorinnen
der	**Dirigent**, die Dirigenten
die	**Dirigentin**, die Dirigentinnen
das	**Dirndl**
die	**Diskette**, die Disketten
der	**Diskjockey**
	(sprich: diskdschockej)
die	**Disko**, die Diskos,
	auch: die Disco, die Discos
die	**Diskothek**, die Diskotheken

A
B
C
D
E
F
G
H
I
J
K
L
M
N
O
P
Q
R
S
T
U
V
W
X
Y
Z

diskutieren, du diskutierst

das **Display** (sprich: disspläj),
die Displays (Anzeige)

dividieren, du dividierst

die **Division**, die Divisionen

➤ **Dm**

dm (Abkürzung für Dezimeter)

DM

(Abkürzung für Deutsche Mark)

➤ **Do**

doch

der **Docht**, die Dochte

der **Doktor**, die Doktoren

die **Doktorin**, die Doktorinnen

der **Dolch**, die Dolche

der **Dollar**, die Dollars

der **Dolmetscher**

die **Dolmetscherin**,
die Dolmetscherinnen

der **Dom**, die Dome

das **Domino**, die Dominos

der **Dompteur**, die Dompteure

die **Dompteuse**, die Dompteusen

die **Donau**

der **Döner**

der **Donner**

donnern, es donnert

der **Donnerstag**, die Donnerstage,
am Donnerstag

donnerstags

doof

der **Doppelpunkt**, die Doppelpunkte

doppelt

das **Dorf**, die Dörfer

der **Dorn**, die Dornen

das **Dornröschen**

dort

dorthin

die **Dose**, die Dosen

der **Dosenöffner**

der **Dotter**, auch: das Dotter

➤ **Dr**

der **Drache**, die Drachen
(Tier aus der Sagenwelt)

der **Drachen** (Flugdrachen)

der **Draht**, die Drähte

die **Drahtseilbahn**,
die Drahtseilbahnen

dran, auch: daran

drängeln, du drängelst

drängen, du drängst

drauf, auch: darauf

draus, auch: daraus

draußen

der **Dreck**

dreckig

drehen, du drehst

die **Drehleiter**, die Drehleitern

drei, dreimal

das **Dreieck**, die Dreiecke

dreieckig

das **Dreirad**, die Dreiräder

dreißig

dreizehn

dreschen, du drischst, er drosch,
sie hat gedroschen

dressieren, du dressierst

die **Dressur**, die Dressuren

dribbeln, du dribbelst

der **Drilling**, die Drillinge

drin, auch: darin

dringend

drinnen

drittens

die **Droge**, die Drogen

die **Drogerie**, die Drogerien

drohen, du drohst

dröhnen, es dröhnt

drollig

das **Dromedar**, die Dromedare

der **Drops**, auch: das Drops

die **Drossel**, die Drosseln

drüben

drüber, auch: darüber

der **Druck**

drucken, du druckst

drücken, du drückst

der **Drucker**

die **Druckerei**, die Druckereien

der **Druckfehler**

drum, auch: darum

drunten, auch: da unten

drunter, auch: darunter

☛ **Ds**

der **Dschungel**

☛ **Du**

du, dir, dich

der **Dübel**

sich **ducken**, du duckst dich

der **Duft**, die Düfte

duften, es duftet

dumm, dümmer, am dümmsten

die **Dummheit**, die Dummheiten

dumpf

die **Düne**, die Dünen

düngen, du düngst

dunkel

dunkelhaarig

die **Dunkelheit**

dünn

der **Dunst**, die Dünste

durch

durchaus

durcheinander

die **Durchfahrt**, die Durchfahrten

der **Durchfall**

durchhalten,
du hältst durch, sie hielt durch,
er hat durchgehalten

durchlässig

der **Durchmesser**

durchqueren, du durchquerst

die **Durchsage**, die Durchsagen

durchschneiden,
du schneidest durch,
er schnitt durch,
sie hat durchgeschnitten

durchschnittlich

durchsichtig

durchstreichen,
du streichst durch,
sie strich durch,
er hat durchgestrichen

durchsuchen, du durchsuchst

dürfen, du darfst, er durfte,
sie hat gedurft

dürr

der **Durst**

durstig

die **Dusche**, die Duschen

duschen, du duschst

das **Düsenflugzeug**,
die Düsenflugzeuge

der **Düsenjäger**

düster

das **Dutzend**

☛ **Dy**

dynamisch

das **Dynamit**

der **Dynamo**, die Dynamos

☛ **Dz**

der **D-Zug**, die D-Züge

Ea
easy (sprich: isi)

Eb
die **Ebbe**, die Ebben, Ebbe und Flut
eben
die **Ebene**, die Ebenen
ebenfalls
ebenso
der **Eber**

Ec
das **Echo**, die Echos
die **Echse**, die Echsen
echt
die **Ecke**, die Ecken
eckig

Ed
edel

Eg
egal
die **Egge**, die Eggen
der **Egoist**, die Egoisten
die **Egoistin**, die Egoistinnen

Eh
ehe
die **Ehe**, die Ehen
die **Eheleute**
ehemalig
die **Ehre**, die Ehren
das **Ehrenwort**, die Ehrenworte
ehrgeizig
ehrlich
die **Ehrlichkeit**

Ei
das **Ei**, die Eier
die **Eiche**, die Eichen
die **Eichel**, die Eicheln
das **Eichhörnchen**,
der **Eid**, die Eide
die **Eidechse**, die Eidechsen
die **Eifersucht**
eifersüchtig
eifrig
das **Eigelb**, die Eigelbe
eigen
eigenartig
das **Eigenschaftswort**,
die Eigenschaftswörter
eigentlich
der **Eilbrief**, die Eilbriefe
eilen, du eilst
eilig
der **Eimer**

Ein
ein, eine, einer, eines
einander
einatmen, du atmest ein
die **Einbahnstraße**,
die Einbahnstraßen
der **Einband**, die Einbände
einbinden, du bindest ein,
sie band ein, er hat eingebunden
einbrechen, du brichst ein,
er brach ein, sie ist eingebrochen
der **Einbrecher**
die **Einbrecherin**, die Einbrecherinnen
der **Einbruch**, die Einbrüche
eincremen, du cremst ein
eindeutig
der **Eindruck**, die Eindrücke
eindrucksvoll

einfach
einfädeln, du fädelst ein
die **Einfahrt**, die Einfahrten
der **Einfall**, die Einfälle
einfallen, es fällt mir ein
das **Einfamilienhaus**,
die Einfamilienhäuser
der **Einfluss**, die Einflüsse
einflussreich
der **Eingang**, die Eingänge
eingebildet
der **Eingeborene**, die Eingeborenen
die **Eingeborene**, die Eingeborenen
eingeschnappt
einheften, du heftest ein
einheimisch
die **Einheit**, die Einheiten
einheitlich
einhundert
einig
einige
einigermaßen
der **Einkauf**, die Einkäufe
einkaufen, du kaufst ein
der **Einkaufswagen**
das **Einkommen**
einkremen, du kremst ein
einladen, du lädst ein, sie lud ein,
er hat eingeladen
die **Einladung**, die Einladungen
die **Einleitung**, die Einleitungen
einleuchtend
einmal
das **Einmaleins**
einmalig
sich **einmischen**, du mischst dich ein
einpacken, du packst ein
sich **einprägen**, du prägst dir ein

einräumen, du räumst ein
eins
einsam
der **Einsatzort**, die Einsatzorte
einschalten, du schaltest ein
einschenken, du schenkst ein
einschlafen, du schläfst ein,
er schlief ein, sie ist eingeschlafen
einschließen, du schließt ein,
sie schloss ein,
er hat eingeschlossen
die **Einschulung**, die Einschulungen
einsehen, du siehst ein,
er sah ein, sie hat eingesehen
einseitig
einsperren, du sperrst ein
einst
einsteigen, du steigst ein,
sie stieg ein, er ist eingestiegen
einstimmig
einstürzen, es stürzt ein
der **Eintopf**, die Eintöpfe
der **Eintrag**, die Einträge
der **Eintritt**
das **Eintrittsgeld**, die Eintrittsgelder
einverstanden
die **Einwegflasche**,
die Einwegflaschen
einwerfen, du wirfst ein,
er warf ein, sie hat eingeworfen
der **Einwohner**
die **Einwohnerin**, die Einwohnerinnen
die **Einzahl**
einzahlen, du zahlst ein
einzeln
einzig
das **Eis**
das **Eisen**

die **Eisenbahn**, die Eisenbahnen

das **Eishockey**

eisig

eiskalt

der **Eiszapfen**

eitel

der **Eiter**

eitern, es eitert

➤ Ek

der **Ekel**

sich **ekeln**, du ekelst dich

eklig, auch: ekelig

➤ El

elastisch

die **Elbe**

der **Elch**, die Elche

der **Elefant**, die Elefanten

elegant

die **Eleganz**

der **Elektriker**

die **Elektrikerin**, die Elektrikerinnen

elektrisch

die **Elektrizität**

das **Elektrizitätswerk**,
die Elektrizitätswerke

das **Elektrogerät**, die Elektrogeräte

der **Elektroherd**, die Elektroherde

das **Element**, die Elemente

das **Elend**

elf, elfmal

die **Elfe**, die Elfen

das **Elfenbein**

der **Elfmeter**

ellenlang

der **Ellenbogen**, auch: Ellbogen

die **Elster**, die Elstern

die **Eltern**

der **Elternabend**, die Elternabend

➤ Em

die **E-Mail** (sprich: iimäil), die E-Mails
(elektronische Post)

der **Embryo**, die Embryonen,
auch: die Embryos

empfangen,
du empfängst, er empfing,
sie hat empfangen

empfehlen, du empfiehlst,
sie empfahl, er hat empfohlen

empfinden,
du empfindest, er empfand,
sie hat empfunden

empfindlich

empor

empört

emsig

➤ En

das **Ende**, die Enden

endgültig

endlich

endlos

die **Energie**, die Energien

energisch

eng

der **Engel**

England

der **Engländer**

die **Engländerin**, die Engländerinnen

englisch (sprechen)

Englisch (das Fach Englisch)

der **Enkel**

die **Enkelin**, die Enkelinnen

enorm

entbinden, du entbindest,
sie entband, sie hat entbunden

die **Entbindungsstation**,
die Entbindungsstationen

entdecken, du entdeckst

die **Ente**, die Enten

entfernen, du entfernst

entfernt

die **Entfernung**, die Entfernungen

entführen, du entführst

die **Entführung**, die Entführungen

entgegen

entgegnen, du entgegnest

entgehen, du entgehst, er entging,
sie ist entgangen

entgeistert

entkommen,
du entkommst, sie entkam,
er ist entkommen

entlang

entlassen, du entlässt, er entließ,
sie hat entlassen

entlaufen,
er entläuft, er entlief,
sie ist entlaufen

entrüstet

entscheiden,
du entscheidest,
er entschied,
sie hat entschieden

die **Entscheidung**,
die Entscheidungen

sich **entschließen**,
du entschließt dich,
sie entschloss sich,
er hat sich entschlossen

der **Entschluss**, die Entschlüsse

sich **entschuldigen**,
du entschuldigst dich

die **Entschuldigung**,
die Entschuldigungen

entsetzlich

entsetzt

entsorgen, du entsorgst

entspannt

entsprechend

entstehen,
es entsteht, es entstand,
es ist entstanden

enttäuscht

entweder . . . oder

entwickeln, du entwickelst

der **Entwurf**, die Entwürfe

entzückend

die **Entzündung**, die Entzündungen

entzwei

➤ **Er**

er

erbarmungslos

erben, du erbst

die **Erbse**, die Erbsen

das **Erdbeben**

die **Erdbeere**, die Erdbeeren

die **Erde**

das **Erdgeschoss**, die Erdgeschosse

die **Erdkunde**

die **Erdnuss**, die Erdnüsse

erdrücken, du erdrückst

das **Ereignis**, die Ereignisse

erfahren,
du erfährst, er erfuhr,
sie hat erfahren

die **Erfahrung**, die Erfahrungen

erfassen, du erfasst

erfinden,
du erfindest, sie erfand,
er hat erfunden

die **Erfindung**, die Erfindungen

der **Erfolg**, die Erfolge

erfolgreich

Erholung

erfreulich

erfreut

sich **erfrischen**, du erfrischst dich

ergänzen, du ergänzt

die **Ergänzung**, die Ergänzungen

das **Ergebnis**, die Ergebnisse

ergreifen,
du ergreifst, er ergriff,
sie hat ergriffen

erhalten,
du erhältst, sie erhielt,
er hat erhalten

sich **erholen**, du erholst dich

die **Erholung**

sich **erinnern**, du erinnerst dich

die **Erinnerung**, die Erinnerungen

sich **erkälten**, du erkältest dich

die **Erkältung**, die Erkältungen

erkennen,
du erkennst, er erkannte,
sie hat erkannt

erklären, du erklärst

die **Erklärung**, die Erklärungen

sich **erkundigen**,
du erkundigst dich

erlauben, du erlaubst

die **Erlaubnis**

erleben, du erlebst

das **Erlebnis**, die Erlebnisse

erledigen, du erledigst

erleichtert

ermahnen, du ermahnst

sich **ernähren**, du ernährst dich

die **Ernährung**

ernst

die **Ernte**, die Ernten

ernten, du erntest

erobern, du eroberst

der **Erpresser**

erraten,
du errätst, er erriet, sie hat erraten

erreichen, du erreichst

das **Ersatzteil**, die Ersatzteile

erscheinen, es erscheint,
es erschien, es ist erschienen

erschöpft

erschrecken,
du erschreckst ihn
(jemand erschrecken)

erschrecken,
du erschrickst, er erschrak,
sie ist erschrocken

erschüttert

erst

erstarrt

erstaunt

erstens

ersticken, du erstickst

die **Erstkommunion**

erstmals
ertappen, du ertappst
ertrinken, du ertrinkst, er ertrank,
sie ist ertrunken
der **Erwachsene**, die Erwachsenen
erwarten, du erwartest
die **Erwartung**, die Erwartungen
erwidern, du erwiderst
erwischen, du erwischst
erzählen, du erzählst
die **Erzählung**, die Erzählungen
erziehen, du erziehst, sie erzog,
er hat erzogen
der **Erzieher**
die **Erzieherin**, die Erzieherinnen
der **Erziehungsberechtigte**,
die Erziehungsberechtigten

Es
es
der **Esel**
das **Eselsohr**, die Eselsohren
der **Eskimo**, die Eskimos,
auch: die Eskimo
essbar
essen, du isst, er aß,
sie hat gegessen
das **Essen**
der **Essig**
der **Esslöffel**

Et
die **Etage** (sprich: etaasche),
die Etagen (Stockwerk)
die **Etappe**, die Etappen
das **Etikett**, die Etiketten,
auch: die Etiketts
das **Etui**, die Etuis
etwa
etwas

Eu
euch
euer, eure
die **Eule**, die Eulen
der **Euro**, die Euros (Währung)
der **Eurocent**, die Eurocents
(Währung)
der **Eurocity** (EC), die Eurocitys
Europa
der **Europäer**
die **Europäerin**, die Europäerinnen
europäisch
die **Europäische Union** (EU)
das **Euter**

Ev
evangelisch
das **Evangelium**, die Evangelien
eventuell

Ew
ewig
die **Ewigkeit**, die Ewigkeiten

Ex
exakt
das **Examen**, die Examen,
auch: die Examina
das **Exemplar**, die Exemplare
die **Existenz**, die Existenzen
exklusiv
exotisch
die **Expedition**, die Expeditionen
das **Experiment**, die Experimente
experimentieren,
du experimentierst
explodieren, es explodiert
die **Explosion**, die Explosionen
der **Express**
extra
extrem

Fa

die	**Fabel**, die Fabeln
	fabelhaft
die	**Fabrik**, die Fabriken
das	**Fach**, die Fächer
der	**Fächer**
das	**Fachwerkhaus**,
	die Fachwerkhäuser
die	**Fackel**, die Fackeln
	fad, auch: fade
der	**Faden**, die Fäden
	fähig
die	**Fähigkeit**, die Fähigkeiten
die	**Fahne**, die Fahnen
die	**Fahrbahn**, die Fahrbahnen
die	**Fähre**, die Fähren
	fahren, du fährst, sie fuhr,
	er ist gefahren
der	**Fahrer**
die	**Fahrerin**, die Fahrerinnen
der	**Fahrgast**, die Fahrgäste
der	**Fahrplan**, die Fahrpläne
das	**Fahrrad**, die Fahrräder
die	**Fahrt**, die Fahrten
das	**Fahrzeug**, die Fahrzeuge
	fair (sprich: fär) (gerecht)
der	**Faktor**, die Faktoren
der	**Falke**, die Falken
der	**Fall**, die Fälle
	fallen, du fällst, er fiel,
	sie ist gefallen
	falls

	falsch
	falten, du faltest
der	**Falter**
die	**Familie**, die Familien
der	**Familienname**,
	die Familiennamen
der	**Fan** (sprich: fän), die Fans
	(Anhänger)
der	**Fanclub** (sprich: fänklub),
	die Fanclubs, auch: der Fanklub
	fangen, du fängst, sie fing,
	er hat gefangen
die	**Fantasie**, die Fantasien,
	auch: die Phantasie
	fantastisch, auch: phantastisch
die	**Farbe**, die Farben
	färben, du färbst
der	**Farbfernseher**
	farbig
die	**Farm**, die Farmen
der	**Farn**, die Farne
der	**Fasching**
das	**Fass**, die Fässer
	fassen, du fasst
	fassungslos
	fast (beinahe)
	fasten, du fastest
das	**Fastfood** (sprich: faastfuud)
	(„schnelles Essen")
die	**Fastnacht**
	fauchen, du fauchst
	faul
	faulenzen, du faulenzt
der	**Faulpelz**, die Faulpelze
die	**Faust**, die Fäuste
der	**Favorit**, die Favoriten
das	**Fax**, die Faxe, auch: die Fax
	(ein Fax senden)

	faxen, du faxt
die	**Faxen**
	(dumme Faxen machen)
das	**Faxgerät**, die Faxgeräte

➤ **Fe**

der	**Februar**
	fechten, du fichtst, sie focht, er hat gefochten
die	**Feder**, die Federn
der	**Federhalter**
	federleicht
die	**Fee**, die Feen
	fegen, du fegst
	fehlen, du fehlst
der	**Fehler**
	fehlerlos
der	**Fehlstart**, die Fehlstarts
die	**Feier**, die Feiern
der	**Feierabend**, die Feierabende
	feierlich
	feiern, du feierst
der	**Feiertag**, die Feiertage
	feig, auch: feige
die	**Feige**, die Feigen
die	**Feile**, die Feilen
	fein
der	**Feind**, die Feinde
die	**Feindschaft**, die Feindschaften
das	**Feld**, die Felder
die	**Felge**, die Felgen
das	**Fell**, die Felle
der	**Felsen**, auch: der Fels
das	**Fenster**
die	**Fensterscheibe**, die Fensterscheiben
die	**Ferien**
das	**Ferkel**
	fern

die	**Fernbedienung**, die Fernbedienungen
der	**Fernfahrer**
das	**Ferngespräch**, die Ferngespräche
das	**Fernglas**, die Ferngläser
das	**Fernrohr**, die Fernrohre
der	**Fernsehapparat**
	fernsehen, du siehst fern, er sah fern, sie hat ferngesehen
das	**Fernsehen**
der	**Fernseher**
das	**Fernsehgerät**, die Fernsehgeräte
das	**Fernsehprogramm**, die Fernsehprogramme
die	**Ferse**, die Fersen
	fertig
das	**Fertighaus**, die Fertighäuser
	fesseln, du fesselst
	fest
das	**Fest**, die Feste
	festhalten, du hältst fest, sie hielt fest, er hat festgehalten
	festlich
die	**Festnahme**, die Festnahmen
	feststellen, du stellst fest
das	**Festzelt**, die Festzelte
die	**Fete**, die Feten
	fett
das	**Fett**, die Fette
	fettarm
	fettig
der	**Fetzen**
	feucht
das	**Feuchtbiotop**, auch: der Feuchtbiotop, die Feuchtbiotope
das	**Feuer**

A B C D E **F** G H I J K L M N O P Q R S T U V W X Y Z

der **Feuerlöscher**

die **Feuerwehr**

das **Feuerwehrauto**,
die Feuerwehrautos

die **Feuerwehrleute**

der **Feuerwehrmann**,
die Feuerwehrmänner

das **Feuerwerk**, die Feuerwerke

das **Feuerzeug**, die Feuerzeuge

➤ **Fi**

die **Fibel**, die Fibeln

die **Fichte**, die Fichten

das **Fieber**

das **Fieberthermometer**
fies

die **Figur**, die Figuren

der **Film**, die Filme

der **Filmstar**, die Filmstars

der **Filter**, auch: das Filter
filtern, du filterst

der **Filzpantoffel**, die Filzpantoffeln

der **Filzstift**, die Filzstifte

das **Finanzamt**, die Finanzämter
finden, du findest, sie fand,
er hat gefunden

der **Finderlohn**

der **Finger**

der **Fink**, die Finken

der **Finne**, die Finnen

die **Finnin**, die Finninnen
finnisch
Finnland
finster

die **Finsternis**

die **Firma**, die Firmen

die **Firmung**, die Firmungen

der **Fisch**, die Fische
fischen, du fischst

das **Fischerboot**, die Fischerboote
fit, fitter, am fittesten

das **Fitnesscenter**
fix

➤ **Fl**

flach

die **Fläche**, die Flächen
flackern, es flackert

Feuerwehrauto

der **Fladen**

das **Fladenbrot**, die Fladenbrote

die **Flagge**, die Flaggen

die **Flamme**, die Flammen

die **Flanke**, die Flanken

die **Flasche**, die Flaschen

der **Flaschenöffner**
flattern, er flattert

der **Flaum**

die **Flaute**, die Flauten
flechten, du flichtst, sie flocht,
er hat geflochten

der **Fleck**, die Flecken
fleckig

die **Fledermaus**, die Fledermäuse

der	**Flegel**
das	**Fleisch**
die	**Fleischerei**, die Fleischereien
der	**Fleiß**
die	**Fleißarbeit**, die Fleißarbeiten
	fleißig
	flicken, du flickst
der	**Flieder**
die	**Fliege**, die Fliegen
	fliegen, du fliegst, er flog, sie ist geflogen
	fliehen, du fliehst, sie floh, er ist geflohen
die	**Fliese**, die Fliesen
	fließen, er fließt, er floss, sie ist geflossen
	flimmern, es flimmert
	flink
	flitzen, du flitzt
die	**Flocke**, die Flocken
der	**Floh**, die Flöhe
der	**Flohmarkt**, die Flohmärkte
der	**Flop**, die Flops
das	**Floß**, die Flöße
die	**Flosse**, die Flossen
die	**Flöte**, die Flöten
	flott
der	**Fluch**, die Flüche
	flüchten, du flüchtest
der	**Flüchtling**, die Flüchtlinge
der	**Flug**, die Flüge
der	**Flügel**
	flügge
der	**Flughafen**, die Flughäfen
	flugs
das	**Flugzeug**, die Flugzeuge
der	**Flur**, die Flure
der	**Fluss**, die Flüsse

	flussabwärts
	flüssig
	flüstern, du flüsterst
die	**Flut**, die Fluten
das	**Flutlicht**, die Flutlichter
☛	**Fo**
das	**Fohlen**
der	**Föhn**, auch: der Fön, die Föhne
	föhnen, du föhnst
die	**Folge**, die Folgen
	folgen, es folgt
die	**Folie**, die Folien
	fordern, du forderst
der	**Förderunterricht**
die	**Forelle**, die Forellen
die	**Form**, die Formen
das	**Format**, die Formate
	formulieren, du formulierst
	forschen, du forschst
der	**Forscher**
die	**Forscherin**, die Forscherinnen
der	**Forst**, die Forste, auch: die Forsten
der	**Förster**
die	**Försterin**, die Försterinnen
	fort
der	**Fortschritt**, die Fortschritte
die	**Fortsetzung**, die Fortsetzungen
das	**Foto**, die Fotos
der	**Fotoapparat**, die Fotoapparate
der	**Fotograf**, die Fotografen
die	**Fotografie**, die Fotografien
	fotografieren, du fotografierst
die	**Fotografin**, die Fotografinnen
die	**Fotokopie**, die Fotokopien
	fotokopieren, du fotokopierst
das	**Foul** (sprich: faul), die Fouls
	foulen, du foulst

Fr

der	**Frachter**
die	**Frage**, die Fragen
	fragen, du fragst
der	**Fragesatz**, die Fragesätze
das	**Fragezeichen**
	frankieren, du frankierst
	Frankreich
der	**Franzose**, die Franzosen
die	**Französin**, die Französinnen
	französisch
die	**Fratze**, die Fratzen
die	**Frau**, die Frauen
das	**Fräulein**, die Fräuleins
	frech
der	**Frechdachs**, die Frechdachse
	frei
das	**Freibad**, die Freibäder
ins	**Freie**
	freihändig
die	**Freiheit**, die Freiheiten
der	**Freitag**, die Freitage
	freitags
	freiwillig
die	**Freizeit**
	fremd
der	**Fremde**, die Fremden
die	**Fremde**, die Fremden
die	**Fremdsprache**, die Fremdsprachen
das	**Fremdwort**, die Fremdwörter
	fressen, er frisst, er fraß, er hat gefressen
die	**Freude**, die Freuden
	freudestrahlend
sich	**freuen**, du freust dich
der	**Freund**, die Freunde
die	**Freundin**, die Freundinnen

	freundlich
die	**Freundschaft**, die Freundschaften
der	**Frieden**
der	**Friedhof**, die Friedhöfe
	friedlich
	frieren, du frierst, sie fror, er hat gefroren
das	**Frisbee** (sprich: frissbi), die Frisbees (Wurfscheibe)
	frisch
	frisieren, du frisierst
der	**Frisör**, auch: der Friseur, die Frisöre
die	**Frisörin**, auch: die Friseurin, die Frisörinnen
die	**Frisur**, die Frisuren
	froh
	fröhlich
	fromm
	frontal
der	**Frosch**, die Frösche
der	**Froschlaich**, die Froschlaiche
der	**Frost**, die Fröste
	frostig
das	**Frotteehandtuch**, auch: das Frottéhandtuch, die Frotteehandtücher
die	**Frucht**, die Früchte
	fruchtbar
	früh
	früher
das	**Frühjahr**, die Frühjahre
der	**Frühling**
der	**Frühlingsanfang**
das	**Frühstück**
	frühstücken, du frühstückst
der	**Frust**
	frustriert

➤ **Fu**

der **Fuchs**, die Füchse

fuchsteufelswild

fuchteln, du fuchtelst

fühlen, du fühlst

(Es fühlt sich weich an.)

der **Fühler** (die Fühler der Schnecke)

führen, du führst

der **Führer**

die **Führerin**, die Führerinnen

der **Führerschein**, die Führerscheine

füllen, du füllst

der **Füller**

der **Fund**, die Funde

das **Fundbüro**, die Fundbüros

fünf, fünfmal

fünfzehn

fünfzig

der **Funk**

der **Funke**, die Funken

funkeln, es funkelt

funkelnagelneu

das **Funkgerät**, die Funkgeräte

der **Funkstreifenwagen**

funktionieren, es funktioniert

der **Funkturm**, die Funktürme

für

die **Furche**, die Furchen

die **Furcht**

furchtbar

Furcht einflößend

fürchten, du fürchtest

fürchterlich

furchtlos

füreinander

die **Fürsorge**

fürsorglich

der **Fürst**, die Fürsten

die **Fürstin**, die Fürstinnen

das **Fürwort**, die Fürwörter

der **Furz**, die Fürze

der **Fuß**, die Füße

der **Fußball**, die Fußbälle

das **Fußballspiel**, die Fußballspiele

Fußball spielen

das **Fußballstadion**,

die Fußballstadions

der **Fußboden**, die Fußböden

der **Fußgänger**

die **Fußgängerin**, die Fußgängerinnen

der **Fußgängerüberweg**,

die Fußgängerüberwege

die **Fußgängerzone**,

die Fußgängerzonen

das **Fußgelenk**, die Fußgelenke

der **Fussel**, die Fusseln

oder: die Fussel

das **Futter**

das **Futterhäuschen**

füttern, du fütterst

das **Futur**

Fuchs

- **G**

  g (Abkürzung für Gramm)

- **Ga**

die **Gabel**, die Gabeln

der **Gabelstapler**

gackern, du gackerst

gaffen, er gafft

der **Gag** (sprich: gäg), die Gags
(witzige Idee)

gähnen, du gähnst

die **Galaxie**, die Galaxien

die **Galeere**, die Galeeren

der **Galgen**

die **Galle**, die Gallen

der **Galopp**

galoppieren, es galoppiert

der **Gameboy**, die Gameboys

gammeln, es gammelt

die **Gämse**, die Gämsen

der **Gang**, die Gänge

die **Gangschaltung**,
die Gangschaltungen

der **Gangster** (sprich: gängster)

der **Ganove**, die Ganoven

die **Gans**, die Gänse

das **Gänsefüßchen**

das **Gänseblümchen**

die **Gänsehaut**

ganz

die **Ganztagsschule**,
die Ganztagsschulen

gar

die **Garage** (sprich: garaasche),
die Garagen

die **Garantie**, die Garantien

garantieren, du garantierst

die **Garderobe**, die Garderoben

die **Gardine**, die Gardinen

das **Garn**, die Garne

gar nicht

garnieren, du garnierst

garstig

der **Garten**, die Gärten

der **Gartenzaun**, die Gartenzäune

der **Gartenzwerg**, die Gartenzwerge

der **Gärtner**

die **Gärtnerei**, die Gärtnereien

die **Gärtnerin**, die Gärtnerinnen

das **Gas**, die Gase

die **Gasheizung**, die Gasheizungen

das **Gaspedal**, die Gaspedale

die **Gasse**, die Gassen

der **Gast**, die Gäste

das **Gasthaus**, die Gasthäuser

die **Gaststätte**, die Gaststätten

der **Gatte**, die Gatten

das **Gatter**

die **Gattin**, die Gattinnen

der **Gaukler**

die **Gauklerin**, die Gauklerinnen

der **Gaul**, die Gäule

der **Gaumen**

der **Gauner**

die **Gaunerin**, die Gaunerinnen

- **Ge**

  geb. (Abkürzung für geboren)

das **Gebäck**, die Gebäcke

die **Gebärde**, die Gebärden

das **Gebäude**

das **Gebell**

geben, du gibst, sie gab,
er hat gegeben

das **Gebet**, die Gebete

gebeten

das **Gebiet**, die Gebiete

gebildet

das **Gebirge**

das **Gebiss**, die Gebisse

gebogen

geboren

das **Gebot**, die Gebote

gebrannt

gebrauchen, du gebrauchst

die **Gebrauchsanweisung**,
die Gebrauchsanweisungen

gebraucht

der **Gebrauchtwagen**

gebrochen

das **Gebrüll**

die **Gebühr**, die Gebühren

gebunden

die **Geburt**, die Geburten

der **Geburtstag**, die Geburtstage

die **Geburtstagsfeier**,
die Geburtstagsfeiern

das **Geburtstagsgeschenk**,
die Geburtstagsgeschenke

das **Gebüsch**, die Gebüsche

das **Gedächtnis**

der **Gedanke**, die Gedanken

der **Gedankenstrich**,
die Gedankenstriche

das **Gedeck**, die Gedecke

die **Gedenkstätte**, die Gedenkstätten

das **Gedicht**, die Gedichte

das **Gedränge**

die **Geduld**

geduldig

geeignet

die **Gefahr**, die Gefahren

gefährlich

gefallen,
es gefällt, es gefiel, es hat gefallen

sich **etwas gefallen lassen**,
du lässt dir etwas gefallen,
er ließ sich etwas gefallen,
sie hat sich etwas gefallen lassen

gefangen

das **Gefängnis**, die Gefängnisse

das **Gefäß**, die Gefäße

das **Gefieder**

gefiedert

gefleckt

geflickt

das **Geflügel**

das **Geflüster**

gefräßig

gefrieren, es gefriert, es gefror,
es ist gefroren

die **Gefriertruhe**, die Gefriertruhen

das **Gefühl**, die Gefühle

gefühlvoll

gegen

die **Gegend**, die Gegenden

gegeneinander

der **Gegensatz**, die Gegensätze

gegensätzlich

gegenseitig

der **Gegenstand**, die Gegenstände

das **Gegenteil**, die Gegenteile

gegenüber

die **Gegenwart**

der **Gegenwind**

der **Gegner**

die **Gegnerin**, die Gegnerinnen

das **Gehalt**, die Gehälter

A B C D E F **G** H I J K L M N O P Q R S T U V W X Y Z

Geisterbahn

	gehässig
die	**Gehässigkei**t,
	die Gehässigkeiten
das	**Gehäuse**
das	**Gehege**
	geheim
das	**Geheimnis**, die Geheimnisse
	gehemmt
	gehen, du gehst, er ging,
	sie ist gegangen
	geheuer
das	**Gehirn**, die Gehirne
die	**Gehirnerschütterung**,
	die Gehirnerschütterungen
das	**Gehör**
	gehorchen, du gehorchst
	gehören, es gehört
	gehörlos
	gehorsam
der	**Gehweg**, die Gehwege
der	**Geier**
die	**Geige**, die Geigen

	geil
die	**Geisel**, die Geiseln
die	**Geiselnahme**, die Geiselnahmen
der	**Geist**, die Geister
die	**Geisterbahn**, die Geisterbahnen
die	**Geisterstunde**,
	die Geisterstunden
der	**Geizhals**, die Geizhälse
der	**Geiz**
	geizig
	gekonnt
das	**Gekritzel**
das	**Gelächter**
das	**Gelände**
das	**Geländer**
	gelaunt
	gelb
der	**gelbe Sack**,
	die gelben Säcke (Müll)
das	**Geld**, die Gelder
der	**Geldautomat**, die Geldautomaten
der	**Geldbeutel**

das **Gelee** (sprich: schelee),
auch: der Gelee, die Gelees

die **Gelegenheit**, die Gelegenheiten

gelegentlich

das **Gelenk**, die Gelenke

gelenkig

gelingen, es gelingt, es gelang,
es ist gelungen

gelogen

gelten, es gilt, es galt,
es hat gegolten

gelungen

das **Gemälde**

gemein

die **Gemeinde**, die Gemeinden

gemeinsam

die **Gemeinschaft**,
die Gemeinschaften

das **Gemüse**

gemütlich

genau

genauso

genehmigen, du genehmigst

die **Generation**, die Generationen

der **Generator**, die Generatoren

das **Genick**, die Genicke

sich **genieren** (sprich: scheniiren),
du genierst dich (sich schämen)

genießbar

genießen, du genießt, sie genoss,
er hat genossen

der **Genitiv**

genommen

genug

genügen, es genügt

genügend

der **Genuss**, die Genüsse

die **Geografie**, auch: die Geographie

die **Geometrie**

geometrisch

das **Gepäck**, die Gepäckstücke

der **Gepäckträger**

das **Geplapper**

das **Gepolter**

das **Gequengel**

gerade

geradeaus

geradezu

das **Geraschel**

das **Gerät**, die Geräte

das **Geräteturnen**

geräumig

das **Geräusch**, die Geräusche

gerecht

gereinigt

das **Gericht**, die Gerichte

gerieben

gering

geringelt

das **Gerippe**

gern, auch: gerne

die **Gerste**

der **Geruch**, die Gerüche

das **Gerücht**, die Gerüchte

das **Gerümpel**

das **Gerüst**, die Gerüste

der **Gesang**, die Gesänge

das **Geschäft**, die Geschäfte

geschehen, es geschieht,
es geschah, es ist geschehen

gescheit

das **Geschenk**, die Geschenke

die **Geschichte**, die Geschichten

das **Geschichtenbuch**,
die Geschichtenbücher

geschickt

geschieden

das Geschirr, die Geschirre

die Geschirrspülmaschine,
die Geschirrspülmaschinen

das Geschlecht, die Geschlechter

das Geschlechtswort,
die Geschlechtswörter

geschlossen

der Geschmack, die Geschmäcker

geschmeidig

geschoren

das Geschoss, die Geschosse

das Geschrei

geschwind

die Geschwindigkeit,
die Geschwindigkeiten

die Geschwister

geschwollen

das Geschwür, die Geschwüre

das Gesetz, die Gesetze

das Gesicht, die Gesichter

der Gesichtsausdruck,
die Gesichtsausdrücke

gespannt

das Gespenst, die Gespenster

gespenstig, auch: gespenstisch

das Gespött

das Gespräch, die Gespräche

die Gestalt, die Gestalten

gestalten, du gestaltest

das Gestammel

das Geständnis, die Geständnisse

der Gestank

die Geste, die Gesten

gestehen, du gestehst,
sie gestand, er hat gestanden

das Gestell, die Gestelle

gestern

das Gestirn, die Gestirne

gestohlen

gestorben

gestreift

das Gestrüpp, die Gestrüppe

gesund

die Gesundheit

gesundheitsschädlich

das Getränk, die Getränke

der Getränkeautomat,
die Getränkeautomaten

der Getränkemarkt,
die Getränkemärkte

das Getreide

getrennt

das Getriebe

das Getuschel

das Gewächs, die Gewächse

das Gewächshaus,
die Gewächshäuser

die Gewalt, die Gewalten

gewaltig

gewalttätig

das Gewand, die Gewänder

gewandt

das Gewässer

das Gewehr, die Gewehre

das Geweih, die Geweihe

gewesen – sein

das Gewicht, die Gewichte

das Gewimmel

der Gewinn, die Gewinne

gewinnen, du gewinnst,
sie gewann, er hat gewonnen

der Gewinner

die Gewinnerin, die Gewinnerinnen

gewiss

das Gewissen

gewissenhaft

das **Gewitter**

gewittrig

sich **gewöhnen**, du gewöhnst dich

die **Gewohnheit**, die Gewohnheiten

gewöhnlich

gewohnt

gewollt

gewonnen

geworden

das **Gewürz**, die Gewürze

gewusst

gezackt

die **Gezeiten**

☛ **Gi**

der **Giebel**

die **Gier**

gierig

gießen, du gießt, er goss,
sie hat gegossen

die **Gießkanne**, die Gießkannen

das **Gift**, die Gifte

giftig

der **Giftmüll**

die **Giftmülldeponie**,
die Giftmülldeponien

der **Giftstoff**, die Giftstoffe

gigantisch

der **Gipfel**

der **Gips**

die **Giraffe**, die Giraffen

das **Girl**, die Girls

die **Girlande**, die Girlanden

die **Gitarre**, die Gitarren

das **Gitter**

☛ **Gl**

der **Glanz**

glänzen, es glänzt

glänzend

das **Glas**, die Gläser

glatt, glatter, auch: glätter,
am glattesten, auch: glättesten

die **Glätte**

das **Glatteis**

die **Glatze**, die Glatzen

der **Glaube**

glauben, du glaubst

gleich

das **Gleichgewicht**

gleichzeitig

das **Gleis**, die Gleise

gleiten, du gleitest, er glitt,
sie ist geglitten

der **Gletscher**

das **Glied**, die Glieder

die **Gliedmaßen**

glitschig

glitzern, es glitzert

der **Globus**, die Globusse,
auch: die Globen

die **Glocke**, die Glocken

das **Glockenspiel**, die Glockenspiele

glotzen, du glotzt

das **Glück**

gluckern, es gluckert

glücklich

der **Glückwunsch**, die Glückwünsche

die **Glühbirne**, die Glühbirnen

glühen, es glüht

die **Glut**, die Gluten

☛ **Gn**

die **Gnade**, die Gnaden

gnädig

der **Gnom**, die Gnome

☛ **Go**

der **Gockel**

das **Gold**
golden

der **Goldfisch**, die Goldfische
goldig

die **Goldmedaille**
(sprich: goldmedallje),
die Goldmedaillen

das **Golf** (Golf spielen)

die **Gondel**, die Gondeln

der **Gong**, die Gongs
gönnen, du gönnst

der **Gorilla**, die Gorillas

der **Gott**, die Götter

die **Göttin**, die Göttinnen

der **Gottesdienst**, die Gottesdienste

➤ **Gr**

das **Grab**, die Gräber
graben, du gräbst, sie grub,
er hat gegraben

der **Graben**, die Gräben

der **Grad**, die Grade

der **Graf**, die Grafen

die **Gräfin**, die Gräfinnen

das **Gramm**

die **Grammatik**, die Grammatiken

die **Granate**, die Granaten
grantig

die **Grapefruit** (sprich: gräipfruut),
die Grapefruits (Zitrusfrucht)

das **Gras**, die Gräser
grasen, das Pferd grast

der **Grashalm**, die Grashalme

der **Grashüpfer**
grässlich

die **Gräte**, die Gräten
gratis

die **Grätsche**, die Grätschen

die **Gratulation**, die Gratulationen

gratulieren, du gratulierst
grau

das **Grauen**

sich **grauen**, es graut dir
grauenhaft

der **Graupelschauer**
grausam

die **Grausamkeit**,
die Grausamkeiten
grausig
greifen, du greifst, sie griff,
er hat gegriffen

der **Greifvogel**, die Greifvögel

der **Greis**, die Greise

die **Greisin**, die Greisinnen
grell

die **Grenze**, die Grenzen
grenzenlos

der **Grieche**, die Griechen
Griechenland

die **Griechin**, die Griechinnen
griechisch

der **Griff**, die Griffe

der **Grill**, die Grills

die **Grille**, die Grillen
grillen, du grillst

der **Grillplatz**, die Grillplätze

die **Grimasse**, die Grimassen
grimmig
grinsen, du grinst

die **Grippe** (an Grippe erkranken)

der **Grips**
grob
grölen, du grölst

der **Groschen**
groß, größer, am größten
großartig
Großbritannien

die	**Größe**, die Größen
die	**Großeltern**
	größer, am größten – groß
die	**Großmutter**, die Großmütter
die	**Großstadt**, die Großstädte
	größtenteils
der	**Großvater**, die Großväter
	großziehen, du ziehst groß,
	sie zog groß, er hat großgezogen
die	**Grotte**, die Grotten
die	**Grube**, die Gruben
	(in eine Grube fallen)
das	**Grübchen**
	grübeln, du grübelst
die	**Gruft**, die Gruften
	grün
	gründen, du gründest
	gründlich
der	**Grund**, die Gründe
auf	**Grund**, auch: aufgrund
	grundsätzlich
die	**Grundschule**, die Grundschulen
der	**Grundschüler**
die	**Grundschülerin**,
	die Grundschülerinnen
das	**Grundstück**, die Grundstücke
die	**Grünfläche**, die Grünflächen
das	**Grünfutter**
	grunzen, es grunzt
die	**Gruppe**, die Gruppen
die	**Gruppenarbeit**
die	**Gruselgeschichte**,
	die Gruselgeschichten
	gruselig
sich	**gruseln**, du gruselst dich
der	**Gruß**, die Grüße
	grüßen, du grüßt
die	**Grütze**, die Grützen

➤ **Gu**

	gucken, du guckst
das	**Guckloch**, die Gucklöcher
das	**Gulasch**, auch: der Gulasch
der	**Gully**, auch: das Gully, die Gullys
der	**Gullydeckel**
	gültig
die	**Gültigkeit**
der	**Gummi**, auch: das Gummi,
	die Gummis
das	**Gummibärchen**
der	**Gummistiefel**
das	**Gummitwist**
	günstig
der	**Guppy**, die Guppys
die	**Gurgel**, die Gurgeln
	gurgeln, du gurgelst
die	**Gurke**, die Gurken
der	**Gurkensalat**, die Gurkensalate
	gurren, sie gurrt
der	**Gurt**, die Gurte
der	**Gürtel**
der	**Guss**, die Güsse
	gut, besser, am besten
das	**Gut**, die Güter
die	**Güte**
	gütig
der	**Güterbahnhof**, die Güterbahnhöfe
der	**Güterzug**, die Güterzüge
	gutmütig
der	**Gutschein**, die Gutscheine

➤ **Gy**

der	**Gymnasiast**, die Gymnasiasten
die	**Gymnasiastin**,
	die Gymnasiastinnen
das	**Gymnasium**, die Gymnasien
die	**Gymnastik**
das	**Gyros**

A B C D E F **G** H I J K L M N O P Q R S T U V W X Y Z

H

➤ **Ha**

das **Haar**, die Haare
das **Haarband**, die Haarbänder
um **Haaresbreite**
　　haargenau
　　haben, du hast, er hatte,
　　sie hat gehabt
der **Habicht**, die Habichte
die **Hacke**, die Hacken
　　hacken, du hackst
das **Hackfleisch**
der **Hafen**, die Häfen
die **Hafenrundfahrt**,
　　die Hafenrundfahrten
der **Hafer**
die **Haferflocken**
die **Haft**
　　haften, es haftet
der **Häftling**, die Häftlinge
die **Hagebutte**, die Hagebutten
der **Hagel**
　　hageln, es hagelt
der **Hahn**, die Hähne
das **Hähnchen**
der **Hahnenfuß**
der **Hai**, die Haie
　　häkeln, du häkelst
der **Haken**
　　halb
　　halbieren, du halbierst
die **Hälfte**, die Hälften
das **Halfter**

die **Halle**, die Hallen
　　halleluja
das **Hallenbad**, die Hallenbäder
　　hallo
der **Halm**, die Halme
die **Halogenlampe**,
　　die Halogenlampen
der **Hals**, die Hälse
　　halt
　　haltbar
　　halten, du hältst, sie hielt,
　　er hat gehalten
die **Haltestelle**, die Haltestellen
der **Halunke**, die Halunken
　　Hamburg
der **Hamburger**
　　hämisch
der **Hammel**
der **Hammer**, die Hämmer
　　hämmern, du hämmerst
der **Hampelmann**,
　　die Hampelmänner
der **Hamster**
die **Hand**, die Hände
der **Handball**, die Handbälle
der **Handel**
　　handeln, du handelst
das **Handgelenk**, die Handgelenke
der **Händler**
die **Händlerin**, die Händlerinnen
die **Handlung**, die Handlungen
die **Handschellen**
der **Handschuh**, die Handschuhe
die **Handtasche**, die Handtaschen
das **Handtuch**, die Handtücher
der **Handwerker**
die **Handwerkerin**,
　　die Handwerkerinnen

das **Handy** (sprich: händi), die Handys (Mobiltelefon)

der **Hang**, die Hänge

die **Hängematte**, die Hängematten

hängen, du hängst, er hing, sie hat gehangen

die **Hänselei**, die Hänseleien

hänseln, du hänselst

die **Hantel**, die Hanteln

hantieren, du hantierst

happy (sprich: häppi) (glücklich)

das **Härchen**

die **Hardware** (sprich: haatwär) (feste Teile des Computers)

die **Harke**, die Harken

harmlos

der **Harn**

die **Harnblase**, die Harnblasen

die **Harpune**, die Harpunen

hart, härter, am härtesten

hartnäckig

das **Harz**, die Harze

der **Hase**, die Hasen

die **Haselnuss**, die Haselnüsse

der **Hass**

hassen, du hasst

hässlich

hastig

der **Hauch**

hauchdünn

hauchen, du hauchst

hauen, du haust

der **Haufen**

häufig

das **Haupt**, die Häupter

der **Hauptbahnhof**, die Hauptbahnhöfe

der **Häuptling**, die Häuptlinge

die **Hauptsache**

die **Hauptschule**, die Hauptschulen

der **Hauptschüler**

die **Hauptschülerin**, die Hauptschülerinnen

die **Hauptstadt**, die Hauptstädte

das **Haus**, die Häuser

der **Hausarrest**

die **Hausaufgabe**, die Hausaufgaben

zu **Hause**

der **Haushalt**, die Haushalte

haushoch

der **Hausmeister**

der **Hausschlüssel**

der **Hausschuh**, die Hausschuhe

das **Haustier**, die Haustiere

die **Haut**, die Häute

sich **häuten**, sie häutet sich

die **Hautfarbe**, die Hautfarben

➤ **He**

das **Heavymetal** (sprich: hewwimättl), auch: Heavy Metal (Musikrichtung)

die **Hebamme**, die Hebammen

der **Hebel**

heben, du hebst, sie hob, er hat gehoben

hecheln, du hechelst

der **Hecht**, die Hechte

der **Hechtsprung**, die Hechtsprünge

das **Heck**, die Hecke, auch: die Hecks (das Heck des Schiffs)

die **Hecke**, die Hecken (eine Hecke schneiden)

die **Heckenrose**, die Heckenrosen

die **Heckscheibe**, die Heckscheiben

die **Hefe**

der **Hefekuchen**

der **Hefeteig**, die Hefeteige

das **Heft**, die Hefte

heften, du heftest

heftig

das **Heftpflaster**

die **Heide**, die Heiden

die **Heidelbeere**, die Heidelbeeren

heikel

heil

heilen, es heilt

heilig

der **Heiligabend**

heim

das **Heim**, die Heime

die **Heimat**, die Heimaten

die **Heimatkunde**

das **Heimatmuseum**,
die Heimatmuseen

der **Heimatort**, die Heimatorte

heimfahren, du fährst heim,
sie fuhr heim, er ist heimgefahren

heimgehen,
du gehst heim, er ging heim,
sie ist heimgegangen

heimkommen,
du kommst heim, sie kam heim,
er ist heimgekommen

heimlich

der **Heimweg**, die Heimwege

das **Heimweh**

die **Heirat**

heiraten, du heiratest

heiser

die **Heiserkeit**

heiß

heißen, du heißt, er hieß,
sie hat geheißen

der **Heißhunger**

heiter

die **Heiterkeit**

heizen, du heizt

die **Heizung**, die Heizungen

die **Hektik**

hektisch

der **Hektoliter** (1 hl = 100 l)

der **Held**, die Helden

die **Heldin**, die Heldinnen

helfen, du hilfst, sie half,
er hat geholfen

hell

der **Helm**, die Helme

das **Hemd**, die Hemden

der **Hengst**, die Hengste

der **Henkel**

die **Henne**, die Hennen

➤ **Her**

her

herab

heran

herauf

heraus

herausholen, du holst heraus

herauskommen, du kommst
heraus, sie kam heraus,
er ist herausgekommen

herbei

die **Herberge**, die Herbergen

der **Herbst**

der **Herd**, die Herde
(auf dem Herd kochen)

die **Herde**, die Herden
(eine Schafherde)

herein

hereinkommen, du kommst
herein, er kam herein,
sie ist hereingekommen

der **Hering**, die Heringe

der **Herr**, die Herren

herrlich

herrschen, du herrschst

der **Herrscher**

die **Herrscherin**, die Herrscherinnen

herüber

herum

herunter

heruntergesetzt

herunterladen, du lädst herunter,

er lud herunter,

sie hat heruntergeladen

auch: runterladen

hervor

hervorragend

das **Herz**, die Herzen

herzlich

der **Herzschlag**, die Herzschläge

Hessen

hessisch

hetzen, du hetzt

das **Heu**

heucheln

Hindernis

die **Heuernte**, die Heuernten

heulen, du heulst

der **Heuschnupfen**

die **Heuschrecke**, die Heuschrecken

heute

die **Hexe**, die Hexen

➥ **Hi**

der **Hieb**, die Hiebe

hier

hierher

die **Hieroglyphe**, die Hieroglyphen

die **Hilfe**, die Hilfen

hilfsbereit

die **Himbeere**, die Himbeeren

himbeerfarben

der **Himmel**

das **Himmelbett**, die Himmelbetten

himmelblau

die **Himmelsrichtung**,

die Himmelsrichtungen

himmlisch

➥ **Hin**

hin

hinab

hinauf

hinaufklettern, du kletterst hinauf

hinaus

hinausbringen, du bringst hinaus,

er brachte hinaus,

sie hat hinausgebracht

im **Hinblick**

hindern, du hinderst

das **Hindernis**, die Hindernisse

hindurch

hinein

hineinbeißen, du beißt hinein,

sie biss hinein,

er hat hineingebissen

hineingehen,
du gehst hinein, er ging hinein,
sie ist hineingegangen

hinken, du hinkst

hinten

hinter

hintereinander

hinterher

hinüber

hinunter

hinweg

hinzu

hip

der **Hiphop**, auch: Hip-Hop

der **Hirsch**, die Hirsche

der **Hirt**, auch: der Hirte, die Hirten

der **Hit**, die Hits

die **Hitparade**, die Hitparaden

die **Hitze**

hitzefrei

➤ **Ho**

das **Hobby**, die Hobbys

der **Hobbyraum**, die Hobbyräume

der **Hobel**

hoch, höher, am höchsten

am **höchsten** – hoch

die **Hochzeit**, die Hochzeiten

hocken, du hockst

der **Hocker**

das **Hockey**

der **Hoden**

der **Hof**, die Höfe

hoffen, du hoffst

hoffentlich

die **Hoffnung**, die Hoffnungen

höflich

hohe (hohe Türme), höhere,
höchste

die **Höhe**, die Höhen

höher – hoch

hohl

die **Höhle**, die Höhlen

die **Höhlenmalerei**,
die Höhlenmalereien

der **Höhlenmensch**,
die Höhlenmenschen

der **Hokuspokus**

holen, du holst

Holland

der **Holländer**

die **Holländerin**, die Holländerinnen

holländisch

die **Hölle**

holpern, es holpert

holprig, auch: holperig

der **Holunder**

das **Holz**, die Hölzer

das **Holzhaus**, die Holzhäuser

der **Holzreifen**

die **Homepage** (sprich: houmpäitsch),
die Homepages (Seite im Internet)

der **Honig**

der **Hopfen**

hopp!

hoppeln, du hoppelst

hoppla!

hopsen, du hopst

horchen, du horchst

hören, du hörst

der **Hörer**

die **Hörerin**, die Hörerinnen

das **Hörgerät**, die Hörgeräte

der **Horizont**, die Horizonte

das **Horn**, die Hörner

das **Hörnchen**

die **Hornhaut**, die Hornhäute

die **Hornisse**, die Hornissen
der **Horror**
der **Horrorfilm**, die Horrorfilme
das **Hörspiel**, die Hörspiele
der **Hort**, die Horte
die **Hose**, die Hosen
das **Hospital**, die Hospitäler
die **Hostie**, die Hostien
der **Hotdog**, die Hotdogs
das **Hotel**, die Hotels

☞ **Hu**

hübsch
der **Hubschrauber**
huch!
huckepack
der **Huf**, die Hufe
das **Hufeisen**
die **Hüfte**, die Hüften
der **Hügel**
hügelig, auch: hüglig
das **Huhn**, die Hühner
das **Hühnerei**, die Hühnereier
die **Hülle**, die Hüllen
die **Hülse**, die Hülsen
die **Hummel**, die Hummeln
der **Humor**
humorlos
humorvoll
humpeln, du humpelst
der **Humus**
der **Hund**, die Hunde
die **Hundehütte**, die Hundehütten
hundemüde
hundert
hunderttausend
der **Hunger**
hungern, du hungerst
die **Hungersnot**, die Hungersnöte

Hubschrauber

hungrig
die **Hupe**, die Hupen
hupen, du hupst
hüpfen, du hüpfst
hurra!
huschen, du huschst
husten, du hustest
der **Husten**
der **Hustensaft**, die Hustensäfte
der **Hut**, die Hüte
hüten, du hütest
die **Hütte**, die Hütten

☞ **Hy**

die **Hyäne**, die Hyänen
die **Hyazinthe**, die Hyazinthen
der **Hydrant**, die Hydranten
die **Hygiene**
hygienisch
die **Hymne**
hysterisch

Ic

der	**IC**, die ICs
	(Abkürzung für Intercity)
der	**ICE** (Abkürzung für
	Intercityexpress), die ICEs
	ich

Id

	ideal
die	**Idee**, die Ideen
der	**Idiot**, die Idioten
das	**Idol**, die Idole

Ig

der	**Igel**
	igitt!
der	**Iglu**, auch: das Iglu, die Iglus

Ih

	ihm, ihn, ihnen
	ihr, ihre

Il

die	**Illustrierte**, die Illustrierten

Im

	im (in dem)
der	**Imbiss**, die Imbisse
die	**Imbissstube**, die Imbissstuben
der	**Imker**
die	**Imkerin**, die Imkerinnen
	immer
	immerhin
das	**Imperfekt**
	impfen, du wirst geimpft
die	**Impfung**, die Impfungen
	imponieren, das imponiert mir

In

	in, ins
	indem
der	**Indianer**
die	**Indianerin**, die Indianerinnen
	Indien
	indisch
die	**Industrie**, die Industrien
	ineinander
die	**Infektion**, die Infektionen
der	**Infinitiv**, die Infinitive
die	**Information**, die Informationen
sich	**informieren**, du informierst dich
der	**Ingenieur** (sprich: inschenjör),
	die Ingenieure (technischer Beruf)
die	**Ingenieurin**, (sprich: inschenjörin),
	die Ingenieurinnen (Beruf)
der	**Inhaber**
die	**Inhaberin**, die Inhaberinnen
der	**Inhalt**, die Inhalte
das	**Inhaltsverzeichnis**,
	die Inhaltsverzeichnisse
die	**Inlineskates** (sprich: inleinskäits)
	innen
	innerhalb
das	**Insekt**, die Insekten
die	**Insel**, die Inseln
das	**Inserat**, die Inserate
	insgesamt
der	**Installateur** (sprich: installatör),
	die Installateure (Handwerker)
die	**Installateurin**,
	(sprich: installatörin),
	die Installateurinnen (Handwerkerin)
der	**Instinkt**, die Instinkte
das	**Instrument**, die Instrumente
	intelligent
	intensiv

ICE

der	**Intercity**, die Intercitys
	Abkürzung: IC
	interessant
das	**Interesse**, die Interessen
sich	**interessieren**,
	du interessierst dich
das	**Internat**, die Internate
	international
das	**Internet** (Computernetzwerk)
das	**Interview** (sprich: interwju),
	die Interviews (Befragung)
	inzwischen

➤ **Ip**

der **i-Punkt**, die I-Punkte

➤ **Ir**

der	**Irak**
	irakisch
der	**Iran**
	iranisch
der	**Ire**, die Iren
	irgendein, irgendeine
	irgendjemand
	irgendwann
	irgendwas
	irgendwie
	irgendwo

	irgendwohin
die	**Irin**, die Irinnen
	irisch
	Irland
	ironisch
	irr, auch: irre
sich	**irren**, du irrst dich
der	**Irrgarten**, die Irrgärten
der	**Irrtum**, die Irrtümer

➤ **Is**

der	**Islam**
	islamisch
	Island
	isländisch
das	**Islandpony**, die Islandponys
die	**Isolation**, die Isolationen
	isolieren, du isolierst
	Israel
	israelisch
er	**ist** – sein (Er ist jung.)

➤ **It**

	Italien
der	**Italiener**
die	**Italienerin**, die Italienerinnen
	italienisch
das	**i-Tüpfelchen**

- **Ja**
  ja
- die **Jacht**, die Jachten,
  auch: die Yacht
- der **Jachthafen**, die Jachthäfen
- die **Jacke**, die Jacken
- das **Jackett**, die Jacketts
- die **Jagd**, die Jagden
  jagen, du jagst
- der **Jäger**
- die **Jägerin**, die Jägerinnen
- der **Jagdhund**, die Jagdhunde
- der **Jaguar**, die Jaguare
  jäh
- das **Jahr**, die Jahre
  jahrelang
- die **Jahreszeit**, die Jahreszeiten
- der **Jahrgang**, die Jahrgänge
- das **Jahrhundert**, die Jahrhunderte
  jährlich
- das **Jahrtausend**, die Jahrtausende
- das **Jahrzehnt**, die Jahrzehnte
- der **Jähzorn**
  jähzornig
- die **Jalousie** (sprich: schalusi),
  die Jalousien (Rollladen)
- der **Jammer**
  jämmerlich
  jammern, du jammerst
- der **Januar**
  Japan
- der **Japaner**

- die **Japanerin**, die Japanerinnen
  japanisch
  japsen, du japst
  jäten, du jätest
- die **Jauche**
  jauchzen, du jauchzt
  jaulen, er jault
- der **Jazz** (sprich: dschäs)
  (Musikrichtung)
- der **Jazztanz**
- ➤ **Je**
  je
- die **Jeans** (sprich: dschiins)
- die **Jeansjacke**, die Jeansjacken
- das **Jeanskleid**, die Jeanskleider
  jede, jeder, jedes
  jedenfalls
  jedoch
- der **Jeep** (sprich: dschiip), die Jeeps
  (Geländewagen)
  jemals
  jemand
  jene, jener, jenes
  jenseits
  Jerusalem
- der **Jet**, die Jets
  Jesus
  jetzt
- ➤ **Jo**
- der **Job** (sprich: dschob), die Jobs
  jobben, du jobbst
- der **Jockey** (sprich: dschokej),
  die Jockeys (Berufsrennreiter)
- das **Jod**
  jodeln, du jodelst
- der **Jodler**
- die **Jodlerin**, die Jodlerinnen
- das **Joga**, auch: der Joga, auch: Yoga

joggen (sprich: dschoggen),
du joggst (laufen)

der **Jogginganzug**,
die Jogginganzüge

der **Jogginschuh**, die Joggingschuhe

der **Joghurt**, auch: das Joghurt,
auch: Jogurt, die Joghurts

die **Johannisbeere**,
die Johannisbeeren

johlen, du johlst

das **Jo-Jo**, auch: das Yo-Yo,
die Jo-Jos

der **Joker** (sprich: dschouker)

der **Jongleur**, die Jongleure

die **Jongleurin**, die Jongleurinnen

jonglieren (sprich: schongliiren),
du jonglierst

der **Journalist**, (sprich: schurnalist),
die Journalisten (Beruf)

die **Journalistin**,
(sprich: schurnalistin),
die Journalistinnen (Beruf)

der **Joystick**, die Joysticks

☛ Ju

der **Jubel**

jubeln, du jubelst

das **Jubiläum**, die Jubiläen

juchzen, du juchzt

jucken, es juckt

das **Juckpulver**

der **Jude**, die Juden

das **Judentum**

die **Jüdin**, die Jüdinnen

jüdisch

das **Judo**

die **Jugend**

die **Jugendherberge**,
die Jugendherbergen

jugendlich

der **Jugendliche**, die Jugendlichen

die **Jugendliche**, die Jugendlichen

das **Jugendzentrum**,
die Jugendzentren

juhu!

der **Juli**

der **Jumbo**, die Jumbos
(großes Flugzeug)

jung, jünger, am jüngsten

Jung und Alt

das **Junge**, die Jungen
(Nachwuchs bei Tieren)

der **Junge**, die Jungen

jünger, am jüngsten – jung

der **Juni**

der **Junior**, die Junioren

der **Jupiter**

die **Jury** (sprich: schüri), die Jurys

das **Juwel**, die Juwelen

der **Juwelier**, die Juweliere

die **Juwelierin**, die Juwelierinnen

der **Jux**

Jeep

- **Ka**

das **Kabel**

der **Kabelanschluss**,
die Kabelanschlüsse

das **Kabelfernsehen**

die **Kabine**, die Kabinen

das **Kabrio**, die Kabrios,
auch: das Cabrio

der **Kachelofen**, die Kachelöfen

der **Käfer**

der **Kaffee**

der **Käfig**, die Käfige

kahl

der **Kahn**, die Kähne

der **Kai**, die Kais, auch: der Quai

der **Kaiser**

das **Kajak**, die Kajaks

die **Kajüte**, die Kajüten

der **Kakao**, die Kakaos

der **Kaktus**, auch: die Kaktee,
die Kakteen

das **Kalb**, die Kälber

der **Kalender**

der **Kalk**

die **Kalorie**, die Kalorien
kalt, kälter, am kältesten

das **Kamel**, die Kamele

die **Kamera**, die Kameras

der **Kamin**, die Kamine

der **Kamm**, die Kämme

sich **kämmen**, du kämmst dich

die **Kammer**, die Kammern

der **Kampf**, die Kämpfe
kämpfen, du kämpfst

der **Kanal**, die Kanäle

der **Kanarienvogel**,
die Kanarienvögel

der **Kandidat**, die Kandidaten

die **Kandidatin**, die Kandidatinnen

das **Känguru**, die Kängurus

das **Kaninchen**

der **Kanister**

die **Kanne**, die Kannen

der **Kanon**, die Kanons

die **Kante**, die Kanten

die **Kantine**, die Kantinen

das **Kanu**, die Kanus

der **Kanzler**

die **Kapelle**, die Kapellen
kapieren, du kapierst

der **Kapitän**, die Kapitäne

das **Kapitel**

der **Kaplan**, die Kapläne

die **Kappe**, die Kappen

die **Kapsel**, die Kapseln
kaputt

die **Kapuze**, die Kapuzen

das **Karate**

die **Karawane**, die Karawanen

der **Karfreitag**
kariert

die **Karies**

der **Karneval**

der **Karnevalszug**, die Karnevalszüge

das **Karo**, die Karos

die **Karotte**, die Karotten

der **Karpfen**

die **Karre**, die Karren

die **Karte**, die Karten

die **Kartei**, die Karteien

der	**Karteikasten**, die Karteikästen
das	**Kartentelefon**, die Kartentelefone
die	**Kartoffel**, die Kartoffeln
die	**Kartoffelchips**
der	**Karton**, die Kartons
das	**Karussell**, die Karusselle,
	auch: die Karussells
die	**Karwoche**
der	**Käse**
die	**Kaserne**, die Kasernen
der	**Kasper**
die	**Kasse**, die Kassen
die	**Kassette**, die Kassetten
der	**Kassettenrekorder**,
	auch: der Kassettenrecorder
die	**Kastanie**, die Kastanien
der	**Kasten**, die Kästen
der	**Katalog**, die Kataloge
die	**Katastrophe**, die Katastrophen
der	**Kater**
der	**Katholik**, die Katholiken
die	**Katholikin**, die Katholikinnen
	katholisch
die	**Katze**, die Katzen
das	**Kauderwelsch**
	kauen, du kaust
	kauern, du kauerst
	kaufen, du kaufst
der	**Käufer**
die	**Käuferin**, die Käuferinnen
die	**Kauffrau**, die Kauffrauen
das	**Kaufhaus**, die Kaufhäuser
die	**Kaufläche**, die Kauflächen
der	**Kaufmann**, die Kaufleute
der	**Kaugummi**, die Kaugummis
die	**Kaulquappe**, die Kaulquappen
	kaum
das	**Käuzchen**

➤ **Ke**

der	**Kegel**
die	**Kegelbahn**, die Kegelbahnen
	kegeln, du kegelst
die	**Kehle**, die Kehlen
der	**Kehlkopf**, die Kehlköpfe
	kehren, du kehrst
	keimen, es keimt
der	**Keimling**, die Keimlinge
	kein, keine
	keinesfalls
der	**Keks**, die Kekse, auch: das Keks
der	**Kelch**, die Kelche
die	**Kelle**, die Kellen
der	**Keller**
der	**Kellner**
die	**Kellnerin**, die Kellnerinnen
	kennen, du kennst, sie kannte,
	er hat gekannt
	kennen lernen, du lernst kennen
das	**Kennzeichen**
	kentern, du kenterst
die	**Keramik**, die Keramiken
die	**Kerbe**, die Kerben
der	**Kerl**, die Kerle
der	**Kern**, die Kerne
	kerngesund
das	**Kernkraftwerk**,
	die Kernkraftwerke
die	**Kerze**, die Kerzen
der	**Kessel**
der	**Ketschup**, auch: das Ketschup,
	auch: Ketchup
die	**Kette**, die Ketten
	keuchen, du keuchst
die	**Keule**, die Keulen
das	**Keyboard** (sprich: kiiboord),
	die Keyboards (Musikinstrument)

► Kf

das **Kfz** (Abkürzung für Kraftfahrzeug)

► Kg

kg (Abkürzung für Kilogramm)

► Ki

kichern, du kicherst

kicken, du kickst

der **Kiefer** (Körperteil)

die **Kiefer**, die Kiefern (Nadelbaum)

der **Kiel**, die Kiele

die **Kieme**, die Kiemen

der **Kies**, die Kiese

der **Kieselstein**, die Kieselsteine

die **Kiesgrube**, die Kiesgruben

das **Kilo**, die Kilos

das **Kilogramm**

der **Kilometer**

das **Kind**, die Kinder

der **Kindergarten**, die Kindergärten

das **Kinderturnen**

kindisch

kindlich

das **Kinn**, die Kinne

der **Kinnhaken**

das **Kino**, die Kinos

der **Kiosk**, die Kioske

kippen, du kippst

die **Kirche**, die Kirchen

die **Kirchweih**, die Kirchweihen

die **Kirmes**

die **Kirsche**, die Kirschen

das **Kissen**

die **Kiste**, die Kisten

der **Kitsch**

kitschig

das **Kitz**, die Kitze

kitzeln, du kitzelst

kitzlig, auch: kitzelig

► Kl

kläffen, er kläfft

klagen, du klagst

klamm

die **Klammer**, die Klammern

klammern, du klammerst

die **Klamotten**

der **Klang**, die Klänge

die **Klappe**, die Klappen

klappen, es klappt

klappern, du klapperst

der **Klaps**, die Klapse

klar

die **Kläranlage**, die Kläranlagen

klasse

die **Klasse**, die Klassen

der **Klassensprecher**

die **Klassensprecherin**,
die Klassensprecherinnen

das **Klassenzimmer**

klatschen, du klatschst

klauen, du klaust

das **Klavier**, die Klaviere

kleben, du klebst

der **Kleber**

der **Klebstoff**, die Klebstoffe

kleckern, du kleckerst

der **Klecks**, die Kleckse

der **Klee**

das **Kleeblatt**, die Kleeblätter

das **Kleid**, die Kleider

der **Kleiderbügel**

die **Kleidung**, die Kleidungen

klein

der **Kleinbauer**, die Kleinbauern

der **Kleister**

die **Klemme**, die Klemmen

der **Klempner**

Kloster

das **Klettergerüst**, die Klettergerüste
klettern, du kletterst
der **Klettverschluss**,
die Klettverschlüsse
das **Klima**, die Klimata,
auch: die Klimas
die **Klimaanlage**, die Klimaanlagen
der **Klimmzug**, die Klimmzüge
klimpern, du klimperst
die **Klinge**, die Klingen
die **Klingel**, die Klingeln
klingeln, du klingelst
klingen, es klingt, es klang,
es hat geklungen
die **Klinik**, die Kliniken
klipp und klar
die **Klippe**, die Klippen
klirren, es klirrt
das **Klo**, die Klos

klopfen, du klopfst
der **Klops**, die Klopse
das **Klosett**, die Klosetts,
auch: die Klosette
der **Kloß**, die Klöße
das **Kloster**, die Klöster
der **Klotz**, die Klötze
der **Klub**, die Klubs, auch: der Club
klug, klüger, am klügsten
der **Klumpen**

☛ **Km**

km (Abkürzung für Kilometer)

☛ **Kn**

knabbern, du knabberst
der **Knabe**, die Knaben
das **Knäckebrot**
der **Knacks**, die Knackse
der **Knall**, die Knalle
knallen, es knallt
knapp
knarren, es knarrt
knattern, es knattert
der **Knäuel**, auch: das Knäuel
knausrig, auch: knauserig
kneifen, du kneifst, er kniff,
sie hat gekniffen
die **Kneipe**, die Kneipen
die **Knete**
kneten, du knetest
das **Knetgummi**,
auch: der Knetgummi,
die Knetgummis
knicken, du knickst
das **Knie**
knien, du kniest
knifflig
knipsen, du knipst
der **Knirps**, die Knirpse

knirschen, du knirschst

knistern, es knistert

knittern, es knittert

knobeln, du knobelst

der **Knoblauch**

der **Knochen**

der **Knöchel**

knochig

der **Knödel**

die **Knolle**, die Knollen

der **Knopf**, die Knöpfe

der **Knorpel**

die **Knospe**, die Knospen

der **Knoten**

knuddeln, du knuddelst

knüllen, du knüllst

knüpfen, du knüpfst

der **Knüppel**

knurren, du knurrst

knuspern, du knusperst

knusprig, auch: knusperig

knutschen, du knutschst

➤ **Ko**

k. o. (Abkürzung für knock-out)

der **Koalabär**, die Koalabären

der **Kobold**, die Kobolde

die **Kobra**, die Kobras

der **Koch**, die Köche

kochen, du kochst

die **Köchin**, die Köchinnen

der **Kode**, die Kodes

der **Köder**

der **Koffer**

der **Kohl**, die Kohle

die **Kohle**, die Kohlen

kohlrabenschwarz

der **Kohlrabi**, die Kohlrabis

die **Koje**, die Kojen

die **Kokosnuss**, die Kokosnüsse

der **Kollege**, die Kollegen

die **Kollegin**, die Kolleginnen

die **Kollektion**, die Kollektionen

der **Kombi**, die Kombis

kombinieren, du kombinierst

der **Komet**, die Kometen

der **Komfort** (sprich: komfor)
(Bequemlichkeiten)

komfortabel

komisch

das **Komma**, die Kommas,
auch: die Kommata

kommen, du kommst, er kam,
sie ist gekommen

der **Kommentar**, die Kommentare

der **Kommissar**, die Kommissare

die **Kommissarin**,
die Kommissarinnen

die **Kommode**, die Kommoden

die **Kommunion**

das **Kommunionskind**,
die Kommunionskinder

der **Kompass**, die Kompasse

komplett

das **Kompliment**, die Komplimente

kompliziert

der **Kompost**

der **Komposthaufen**

das **Kompott**, die Kompotte

der **Kompromiss**, die Kompromisse

die **Kondensmilch**

die **Kondition**, die Konditionen

der **Konditor**, die Konditoren

die **Konditorei**, die Konditoreien

die **Konditorin**, die Konditorinnen

das **Kondom**, auch: der Kondom,
die Kondome

die **Konferenz**, die Konferenzen

das **Konfetti**

der **Konfirmand**, die Konfirmanden

die **Konfirmandin**,
die Konfirmandinnen

die **Konfirmation**
konfirmieren, du wirst konfirmiert

die **Konfitüre**, die Konfitüren

der **Konflikt**, die Konflikte

der **König**, die Könige

die **Königin**, die Königinnen
konkret
können, du kannst, er konnte,
sie hat gekonnt

der **Konrektor**, die Konrektoren

die **Konrektorin**, die Konrektorinnen

die **Konserve**, die Konserven

der **Konservierungsstoff**,
die Konservierungsstoffe

der **Konsonant**, die Konsonanten
konstruieren, du konstruierst

der **Konsum**

der **Kontakt**, die Kontakte

der **Kontinent**, die Kontinente

das **Konto**, die Konten,
auch: die Kontos oder Konti

die **Kontonummer**,
die Kontonummern
kontra

die **Kontrolle**, die Kontrollen

der **Kontrolleur**, die Kontrolleure

die **Kontrolleurin**,
die Kontrolleurinnen
kontrollieren, du kontrollierst

die **Konzentration**

sich **konzentrieren**,
du konzentrierst dich

das **Konzert**, die Konzerte

der **Kopf**, die Köpfe

der **Kopfhörer**

das **Kopfkissen**
kopflos

das **Kopfrechnen**

der **Kopfschmerz**, die Kopfschmerzen

die **Kopfstütze**, die Kopfstützen

die **Kopie**, die Kopien
kopieren, du kopierst

das **Kopiergerät**, die Kopiergeräte

die **Koppel**, die Koppeln

der **Koran**

der **Korb**, die Körbe

die **Kordel**, die Kordeln

die **Kordhose**, auch: die Cordhose

der **Kork**, auch: der Korken,
die Korken

der **Korkenzieher**

das **Korn**, die Körner

der **Körper**
korrekt

die **Korrektur**, die Korrekturen
korrigieren, du korrigierst

die **Kosmetikerin**,
die Kosmetikerinnen

der **Kosmonaut**, die Kosmonauten

die **Kosmonautin**,
die Kosmonautinnen
kostbar
kosten, du kostest (probieren)
kosten, es kostet (Geld kosten)
köstlich

das **Kostüm**, die Kostüme

der **Kot**

das **Kotelett**, die Koteletts

der **Köter**

der **Kotflügel**
kotzen, du kotzt

Kr

krabbeln, du krabbelst

der **Krach**, die Kräche

krachen, es kracht

krächzen, du krächzt

die **Kraft**, die Kräfte

das **Kraftfahrzeug**, die Kraftfahrzeuge

kräftig

kraftlos

das **Kraftwerk**, die Kraftwerke

der **Kragen**, die Kragen,
auch: die Krägen

die **Krähe**, die Krähen

krähen, du krähst

der **Krake**, die Kraken

die **Kralle**, die Krallen

der **Kram**

kramen, du kramst

der **Krampf**, die Krämpfe

der **Kran**, die Kräne

der **Kranführer**

der **Kranich**, die Kraniche

krank

kränken, du kränkst

das **Krankenhaus**, die Krankenhäuser

der **Krankenpfleger**

die **Krankenschwester**,
die Krankenschwestern

der **Krankenwagen**

die **Krankheit**, die Krankheiten

der **Kranz**, die Kränze

der **Krapfen**

der **Krater**

kratzen, du kratzt

kraulen, du kraulst

kraus

das **Kraut**, die Kräuter

der **Kräutertee**, die Kräutertees

die **Krawatte**, die Krawatten

kraxeln, du kraxelst

kreativ

der **Krebs**, die Krebse

die **Kreide**, die Kreiden

kreidebleich

der **Kreis**, die Kreise

kreischen, du kreischst

der **Kreisel**

kreisen, du kreist

die **Kreissäge**, die Kreissägen

die **Kreisstadt**, die Kreisstädte

die **Krem**, die Krems,
auch: die Kreme oder Creme

das **Krepppapier**, Krepppapiere

das **Kreuz**, die Kreuze

die **Kreuzung**, die Kreuzungen

das **Kreuzworträtsel**

kribbeln, es kribbelt

kriechen, du kriechst, er kroch,
sie ist gekrochen

der **Krieg**, die Kriege

kriegen, du kriegst

der **Krimi**, die Krimis

die **Kriminalpolizei**

kriminell

der **Kringel**

die **Krippe**, die Krippen

das **Krippenspiel**, die Krippenspiele

kritisch

kritzeln, du kritzelst

das **Krokodil**, die Krokodile

der **Krokus**, die Krokusse

die **Krone**, die Kronen

die **Kröte**, die Kröten

die **Krücke**, die Krücken

der **Krug**, die Krüge

der **Krümel**

krumm
die **Kruste**, die Krusten
das **Kruzifix**, die Kruzifixe

 Ku

der **Kübel**
die **Küche**, die Küchen
der **Kuchen**
der **Küchenherd**, die Küchenherde
der **Kuckuck**, die Kuckucke
die **Kufe,** die Kufen
die **Kugel**, die Kugeln
kugelrund
der **Kugelschreiber**
die **Kuh**, die Kühe
kühl
der **Kühlschrank**, die Kühlschränke
kühn
das **Küken**
der **Kuli**, die Kulis
die **Kulisse**, die Kulissen
kullern, es kullert
der **Kümmel**
sich **kümmern**, du kümmerst dich
der **Kumpel**
der **Kunde**, die Kunden
kündigen, du kündigst
die **Kündigung**, die Kündigungen
die **Kundin**, die Kundinnen
künftig
die **Kunst**, die Künste
der **Künstler**
die **Künstlerin**, die Künstlerinnen
das **Kunststück**, die Kunststücke
kunterbunt
die **Kuppel**, die Kuppeln
die **Kur**, die Kuren
die **Kurbel**, die Kurbeln
der **Kürbis**, die Kürbisse

Krake

kurios
der **Kurs**, die Kurse
die **Kurve**, die Kurven
kurvenreich
kurz, kürzer, am kürzesten
kurzärmlig, auch: kurzärmelig
kurzfristig
kurzsichtig
kuscheln, du kuschelst
kuschlig, auch: kuschelig
die **Kusine**, die Kusinen,
auch: die Cousine
der **Kuss**, die Küsse
küssen, du küsst
die **Küste**, die Küsten
die **Kutsche**, die Kutschen
der **Kutter**
das **Kuvert** (sprich: kuwär),
die Kuverts (Briefumschlag)

► **L**
l (Abkürzung für Liter)

► **La**

das **Labor**, die Labors,
auch: die Labore

das **Labyrinth**, die Labyrinthe

lächeln, du lächelst

lachen, du lachst

lächerlich

der **Lachs**, die Lachse

der **Lack**, die Lacke

lackieren, du lackierst

laden, du lädst, er lud,
sie hat geladen

der **Laden**, die Läden

das **Lager**

lahm

der **Laib**, die Laibe (ein Laib Brot)

der **Laich** (Froschlaich), die Laiche

das **Laken**

der **Lakritz**, auch: das Lakritz,
die Lakritze

lallen, du lallst

das **Lama**, die Lamas

das **Lametta**

das **Lamm**, die Lämmer

die **Lampe**, die Lampen

der **Lampion**, die Lampions

das **Land**, die Länder

die **Landkarte**, die Landkarten

die **Landwirtschaft**

lang, länger, am längsten

langärmlig, auch: langärmelig

langsam

langweilig

die **Lanze**, die Lanzen

der **Lappen**

läppisch

der **Laptop** (sprich: läptop),
die Laptops
(kleiner tragbarer Computer)

die **Lärche**, die Lärchen
(Lärchenzapfen)

der **Lärm**

lärmen, du lärmst

der **Lärmschutz**

die **Larve**, die Larven

die **Lasche**, die Laschen

lassen, du lässt, sie ließ,
er hat gelassen

lässig

das **Lasso**, die Lassos

die **Last**, die Lasten

der **Laster**

lästern, du lästerst

lästig

der **Lastkraftwagen**,
auch: der Lastwagen

Latein

die **Laterne**, die Laternen

latschen, du latschst

die **Latte**, die Latten

der **Latz**, die Lätze, das Lätzchen

lau

das **Laub**

der **Laubbaum**, die Laubbäume

lauern, du lauerst

der **Lauf**, die Läufe

laufen, du läufst, er lief,
sie ist gelaufen

der	**Läufer**
die	**Läuferin**, die Läuferinnen
das	**Laufgitter**
das	**Laufwerk**, die Laufwerke
	(im Computer)
die	**Laune**, die Launen
	launisch
die	**Laus**, die Läuse
der	**Lausbub**, die Lausbuben
	lauschen, du lauschst
	laut
der	**Laut**, die Laute
	läuten, es läutet
der	**Lautsprecher**
die	**Lawine**, die Lawinen

➤ **Le**

	leben, du lebst
das	**Leben**
	lebendig
	lebensgefährlich
die	**Lebensmittel**
die	**Leber**, die Lebern
der	**Leberkäse**
das	**Lebewesen**
	lebhaft
der	**Lebkuchen**
	lecken, du leckst
	lecker
der	**Leckerbissen**
das	**Leder**
die	**Lederhose**
	ledig
	lediglich
	leer
	leeren, du leerst
	(den Mülleimer leeren)
	legen, du legst
die	**Legende**, die Legenden

der	**Lehm**
die	**Lehne**, die Lehnen
	lehren, du lehrst
	(ein Sprache lehren)
der	**Lehrer**
die	**Lehrerin**, die Lehrerinnen
das	**Lehrerzimmer**
der	**Leib**, die Leiber
die	**Leiche**, die Leichen
	leichenblass
der	**Leichnam**, die Leichname
	leicht
die	**Leichtathletik**
	leichtsinnig
das	**Leid**
	leiden, du leidest, er litt, sie hat gelitten
	leider
der	**Leierkasten**, die Leierkästen
	leiern, du leierst
	leihen, du leihst, sie lieh, er hat geliehen
der	**Leim**, die Leime
	leimen, du leimst
die	**Leine**, die Leinen
die	**Leinwand**, die Leinwände
	leise
die	**Leiste**, die Leisten
	leisten, du leistest
die	**Leistung**, die Leistungen
	leiten, du leitest
die	**Leiter**, die Leitern
die	**Leitung**, die Leitungen
die	**Lektion**, die Lektionen
die	**Lektüre**, die Lektüren
	lenken, du lenkst
der	**Leopard**, die Leoparden
die	**Lerche**, die Lerchen (ein Vogel)

lernen, du lernst

lesbar

lesen, du liest, sie las,
er hat gelesen

leserlich

letzte, letzter, letztes

die **Leuchte**, die Leuchten

leuchten, es leuchtet

die **Leuchtröhre**, die Leuchtröhren

leugnen, du leugnest

die **Leute**

das **Lexikon**, die Lexika,
auch: die Lexiken

➤ **Li**

die **Libelle**, die Libellen

das **Licht**, die Lichter

die **Lichtung**, die Lichtungen

das **Lid**, die Lider (das Augenlid)

lieb

die **Liebe**

lieben, du liebst

lieblich

der **Liebling**, die Lieblinge

das **Lied**, die Lieder

liefern, du lieferst

der **Lieferwagen**

die **Liege**, die Liegen

liegen, du liegst, er lag,
sie hat gelegen

die **Liegestütze**, die Liegestützen

der **Lift**, die Lifte, auch: die Lifts

lila

die **Limo**, die Limos

die **Limonade**, die Limonaden

die **Linde**, die Linden

lindern, du linderst

das **Lineal**, die Lineale

die **Linie**, die Linien

liniert

links

der **Linkshänder**

die **Linkshänderin**,
die Linkshänderinnen

die **Linse**, die Linsen

Litfaßsäule

die **Lippe**, die Lippen

lispeln, du lispelst

die **Liste**, die Listen

listig

der **Liter**, auch: das Liter

die **Literatur**

die **Litfaßsäule**, die Litfaßsäulen

live (sprich: laif) (direkt)

die **Livesendung**
(sprich: laifsendung),
die Livesendungen

➤ **Lk**

der **Lkw** (Abkürzung für
Lastkraftwagen), die Lkws,
auch: der LKW, die LKWs

➤ **Lo**

das **Lob**, die Lobe

loben, du lobst

das **Loch**, die Löcher

lochen, du lochst

löchrig, auch: löcherig

die **Locke**, die Locken

locken, du lockst

locker

lockig

lodern, es lodert

der **Löffel**

logisch

der **Lohn**, die Löhne

sich **lohnen**, es lohnt sich

die **Loipe**, die Loipen

die **Lok**, die Loks

das **Lokal**, die Lokale

die **Lokomotive**, die Lokomotiven

der **Lolli**, die Lollis

die **Longe**, (sprich: longsche)
die Longen (Laufleine fürs Pferd)

los

das **Los**, die Lose

das **Löschblatt**, die Löschblätter

löschen, du löschst

das **Löschfahrzeug**,
die Löschfahrzeuge

losen, du lost

lösen, du löst

losfahren, du fährst los,
sie fuhr los, er ist losgefahren

losgehen, du gehst los,
er ging los, sie ist losgegangen

loslassen, du lässt los,
sie ließ los, er hat losgelassen

die **Lösung**, die Lösungen

löten, du lötest

der **Lotse**, die Lotsen

die **Lotterie**, die Lotterien

das **Lotto**

der **Löwe**, die Löwen

der **Löwenzahn**

➤ **Lu**

der **Luchs**, die Luchse

die **Lücke**, die Lücken

lückenlos

die **Luft**, die Lüfte

der **Luftballon**, die Luftballons,
auch: die Luftballone

luftdicht

der **Luftdruck**

luftig

die **Lüftung**, die Lüftungen

die **Luftverschmutzung**,
die Luftverschmutzungen

die **Lüge**, die Lügen

lügen, du lügst

der **Lügner**

die **Lügnerin**, die Lügnerinnen

die **Luke**, die Luken

der **Lümmel**

sich **lümmeln**, du lümmelst dich

der **Lumpen**

die **Lunge**, die Lungen

die **Lungenentzündung**,
die Lungenentzündungen

die **Lupe**, die Lupen

der **Lurch**, die Lurche

die **Lust**

lustig

lutschen, du lutschst

der **Lutscher**

Luxemburg

luxemburgisch

der **Luxus**

A B C D E F G H I J K **L** M N O P Q R S T U V W X Y Z

► **M**

m (Abkürzung für Meter)

► **Ma**

machen, du machst

mächtig

das **Mädchen**

die **Made**, die Maden

madig

die **Madonna**, die Madonnen

der **Magen**, die Magen,

auch: die Mägen

mager

der **Magier**

der **Magnet**, die Magneten,

auch: die Magnete

magnetisch

der **Mähdrescher**

mähen, du mähst

mahlen, du mahlst (Mehl mahlen)

die **Mahlzeit**, die Mahlzeiten

die **Mähne**, die Mähnen

mahnen, du mahnst

die **Mahnung**, die Mahnungen

der **Mai**

die **Mailbox** (sprich: mäilbox),

die Mailboxen (Briefkasten)

mailen (sprich: mäilen), du mailst

(Post mit dem Computer

verschicken)

der **Main**

der **Mais**

der **Maiskolben**

die **Majonäse**, auch: die Mayonnaise,

die Majonäsen

das **Make-up** (sprich: mäikapp),

die Make-ups (Schminke)

die **Makkaroni**

mal

das **Mal**, die Male (ein Muttermal)

malen, du malst (ein Bild malen)

der **Maler**

das **Malzbier**, die Malzbiere

die **Mama**, die Mamas,

auch: die Mami, die Mamis

das **Mammut**, die Mammuts

man

manch, manche,

mancher, manches

manchmal

die **Mandarine**, die Mandarinen

die **Manege** (sprich: maneesche),

die Manegen

mangelhaft

der **Mann**, die Männer

männlich

die **Mannschaft**, die Mannschaften

manschen, du manschst

der **Mantel**, die Mäntel

das **Mäppchen**

die **Mappe**, die Mappen

der **Marathon**, die Marathons

das **Märchen**

märchenhaft

die **Margarine**

die **Margerite**, die Margeriten

der **Marienkäfer**

die **Marionette**, die Marionetten

die **Mark**

die **Marke**, die Marken

markieren, du markierst

die	**Markise**, die Markisen
der	**Markt**, die Märkte
der	**Marktplatz**, die Marktplätze
die	**Marmelade**, die Marmeladen
das	**Marmeladenbrot**, die Marmeladenbrote
das	**Marmeladenglas**, die Marmeladengläser
der	**Marmor**
der	**Marmorkuchen**
der	**Mars**
der	**Marsch**, die Märsche
	marschieren, du marschierst
der	**Marterpfahl**, die Marterpfähle
das	**Martinshorn**, die Martinshörner
der	**März**
das	**Marzipan**
die	**Masche**, die Maschen
der	**Maschendraht**, die Maschendrähte
die	**Maschine**, die Maschinen
die	**Masern**
die	**Maske**, die Masken
der	**Maskenbildner**
die	**Maskenbildnerin**, die Maskenbildnerinnen
sich	**maskieren**, du maskierst dich
das	**Maskottchen**
das	**Maß**, die Maße
die	**Massage** (sprich: masaasche), die Massagen
die	**Masse**, die Massen
	massenweise
	massieren, du massierst
	mäßig
	massiv
der	**Maßstab**, die Maßstäbe
	mästen, du mästest

der	**Mast**, die Masten, auch: die Maste
das	**Match** (sprich: mätsch), die Matches, auch: die Matche (Wettkampf)
das	**Material**, die Materialien
die	**Mathematik**
die	**Matratze**, die Matratzen
der	**Matrose**, die Matrosen
	matschig
	matt
die	**Matte**, die Matten
die	**Mauer**, die Mauern
das	**Maul**, die Mäuler
	maulen, du maulst
der	**Maulwurf**, die Maulwürfe
der	**Maurer**
die	**Maus**, die Mäuse
die	**Mayonnaise**, auch: die Majonäse, die Mayonnaisen

➤ **Me**

der	**Mechaniker**
die	**Mechanikerin**, die Mechanikerinnen
	meckern, du meckerst
	Mecklenburg-Vorpommern
die	**Medaille** (sprich: medallje), die Medaillen
das	**Medikament**, die Medikamente
die	**Medizin**
das	**Meer**, die Meere
der	**Meerrettich**
das	**Meerschweinchen**
das	**Meerwasser**
das	**Mehl**
	mehr – viel
	mehrere
das	**Mehrkornbrot**, die Mehrkornbrote
	mehrmals

die	**Mehrzahl**
	mein, meine
	meinen, du meinst
die	**Meinung**, die Meinungen
die	**Meise**, die Meisen
der	**Meißel**
am	**meisten** – viel
	meistens
der	**Meister**
die	**Meisterin**, die Meisterinnen
die	**Meisterschaft**, die Meisterschaften
sich	**melden**, du meldest dich
die	**Meldung**, die Meldungen
	melken, du melkst
die	**Melkmaschine**, die Melkmaschinen
die	**Melodie**, die Melodien
die	**Melone**, die Melonen
das	**Memory**, die Memorys
die	**Menge**, die Mengen
der	**Mensch**, die Menschen
die	**Menschlichkeit**
die	**Menstruation**
das	**Menü**, die Menüs
	merken, du merkst
der	**Merksatz**, die Merksätze
der	**Merkur**
	merkwürdig
die	**Messe**, die Messen
	messen, du misst, er maß, sie hat gemessen
das	**Messer**
das	**Messgerät**
das	**Messing**
das	**Metall**, die Metalle
	metallisch
die	**Metallverarbeitung**

der	**Meteorit**, die Meteoriten
der	**Meteorologe**, die Meteorologen
die	**Meteorologin**, die Meteorologinnen
der	**Meter**, auch: das Meter
	meterlang
das	**Metermaß**, die Metermaße
die	**Methode**, die Methoden
die	**Mettwurst**, die Mettwürste
der	**Metzger**
die	**Metzgerei**, die Metzgereien
	meutern, du meuterst
☞	**Mi**
	miauen, du miaust
	mich
	mickrig, auch: mickerig
die	**Mickymaus**, die Mickymäuse
die	**Miene**, die Mienen (eine fröhliche Miene)
	mies
die	**Miete**, die Mieten
	mieten, du mietest
der	**Mieter**
die	**Mieterin**, die Mieterinnen
das	**Mikado**, die Mikados
das	**Mikrofon**, die Mikrofone, auch: das Mikrophon, die Mikrophone
das	**Mikroskop**, die Mikroskope
die	**Mikrowelle**, die Mikrowellen
die	**Milch**
die	**Milchflasche**, die Milchflaschen
der	**Milchzahn**, die Milchzähne
	mild, auch: milde
die	**Milliarde**, die Milliarden
der	**Millimeter**
die	**Million**, die Millionen
der	**Millionär**, die Millionäre

Minigolf

die **Minderheit**, die Minderheiten

mindestens

das **Mineralwasser**

mini

das **Minigolf**

der **Minister**

die **Ministerin**, die Ministerinnen

der **Ministrant**, die Ministranten

die **Ministrantin**, die Ministrantinnen

minus

das **Minuszeichen**

die **Minute**, die Minuten

mir

die **Mirabelle**, die Mirabellen

mischen, du mischst

der **Mischmasch**

die **Mischung**, die Mischungen

miserabel

der **Missbrauch**, die Missbräuche

der **Misserfolg**, die Misserfolge

das **Missgeschick**, die Missgeschicke

die **Mission**, die Missionen

das **Misstrauen**

misstrauisch

das **Missverständnis**,

die Missverständnisse

der **Mist**

mit

die **Mitarbeit**

mitarbeiten, du arbeitest mit

mitbringen, du bringst mit,

er brachte mit, sie hat mitgebracht

der **Mitbürger**

die **Mitbürgerin**, die Mitbürgerinnen

miteinander

mitgehen, du gehst mit,

sie ging mit, er ist mitgegangen

das **Mitglied**, die Mitglieder

mithilfe, auch: mit Hilfe

der **Mitlaut**, die Mitlaute

das **Mitleid**

mitmachen, du machst mit

mitnehmen, du nimmst mit,

er nahm mit, sie hat mitgenommen

der **Mitschüler**

die **Mitschülerin**, die Mitschülerinnen

der **Mittag**, die Mittage,

eines Mittags, heute Mittag

das **Mittagessen**

mittags

die **Mitte**, die Mitten

mitteilen, du teilst mit

das **Mittelalter**

das **Mittelmeer**

mitten

die **Mitternacht**, die Mitternächte

der **Mittwoch**, die Mittwoche

mittwochs

mixen, du mixt

der **Mixer**

Mm

mm (Abkürzung für Millimeter)

Mo

das **Möbel**

die **Mode**, die Moden

das **Model**, die Models
(auf dem Laufsteg)

das **Modell**, die Modelle

das **Modem**, die Modems

der **Moderator**, die Moderatoren

die **Moderatorin**, die Moderatorinnen

modern

modisch

das **Mofa**, die Mofas

mogeln, du mogelst

mögen, du magst, er mochte,
sie hat gemocht, ich möchte

möglich

die **Möglichkeit**, die Möglichkeiten

der **Mohn**

die **Möhre**, die Möhren

der **Mohrenkopf**, die Mohrenköpfe

die **Mohrrübe**, die Mohrrüben

der **Molch**, die Molche

die **Molkerei**, die Molkereien

mollig

der **Moment**, die Momente

momentan

der **Monat**, die Monate

monatelang

monatlich

die **Monatskarte**

der **Mönch**, die Mönche

der **Mond**, die Monde

der **Mondschein**

der **Monitor**, die Monitore

das **Monster**

der **Montag**, die Montage

die **Montage** (sprich: montaasche),
die Montagen

montags

der **Monteur** (sprich: montör),
die Monteure (Facharbeiter)

die **Monteurin**, die Monteurinnen

montieren, du montierst

das **Moor**, die Moore

das **Moos**, die Moose

das **Moped**, die Mopeds

der **Mops**, die Möpse

die **Moral**

moralisch

der **Morast**

der **Mord**, die Morde

der **Mörder**

die **Mörderin**, die Mörderinnen

morgen

der **Morgen**,
eines Morgens, heute Morgen

morgens

morsch

morsen, du morst

der **Mörtel**

das **Mosaik**, die Mosaike,
auch: die Mosaiken

die **Moschee**, die Moscheen

die **Mosel**

der **Moslem**, die Moslems

die **Moslime**, die Moslimen

der **Most**

das **Motiv**, die Motive

der **Motor**, die Motoren

das **Motorboot**, die Motorboote

das **Motorrad**, die Motorräder

die **Motte**, die Motten

das **Motto**, die Mottos

motzen, du motzt

das **Mountainbike** (sprich: mauntenbeik), die Mountainbikes

die **Möwe**, die Möwen

➤ **Mu**

die **Mücke**, die Mücken

der **Mückenstich**, die Mückenstiche

mucksmäuschenstill

müde

muffig

die **Müdigkeit**

die **Mühe**, die Mühen

mühelos

die **Mühle**, die Mühlen

mühsam

die **Mulde**, die Mulden

der **Müll**

die **Müllabfuhr**

der **Müllberg**, die Müllberge

die **Mullbinde**, die Mullbinden

der **Müllcontainer**

die **Mülldeponie**, die Mülldeponien

der **Mülleimer**

der **Müllmann**, die Müllmänner

die **Mülltonne**, die Mülltonnen

die **Mülltrennung**

mulmig

die **Multiplikation**, die Multiplikationen

multiplizieren, du multiplizierst

die **Mumie**, die Mumien

mümmeln, du mümmelst

der **Mumps**

der **Mund**, die Münder

die **Mundharmonika**, die Mundharmonikas

die **Mündung**, die Mündungen

munkeln, du munkelst

munter

die **Münze**, die Münzen

der **Münzfernsprecher**

mürbe

die **Murmel**, die Murmeln

murmeln, du murmelst

das **Murmeltier**, die Murmeltiere

murren, du murrst

mürrisch

das **Mus**, die Muse

die **Muschel**, die Muscheln

das **Museum**, die Museen

das **Musical** (sprich: mjusikel), die Musicals

die **Musik**

musikalisch

der **Musikant**, die Musikanten

die **Musikantin**, die Musikantinnen

der **Musiker**

die **Musikerin**, die Musikerinnen

Musik hören, du hörst Musik

musizieren, du musizierst

der **Muskel**, die Muskeln

das **Müsli**, die Müslis

müssen, du musst

das **Muster**

der **Mut**

mutig

mutlos

die **Mutprobe**, die Mutproben

die **Mutter**, die Mütter (meine Mutter)

die **Mutter**, die Muttern (Mutter und Schraube)

mütterlich

das **Muttermal**, die Muttermale

die **Muttersprache**, die Muttersprachen

die **Mütze**, die Mützen

A B C D E F G H I J K L M N O P Q R S T U V W X Y Z

Na

der **Nabel**

nach

der **Nachbar**, die Nachbarn

die **Nachbarin**, die Nachbarinnen

die **Nachbarschaft**

nachdem

nachdenken, du denkst nach,
sie dachte nach,
er hat nachgedacht

nacheinander

die **Nacherzählung**,
die Nacherzählungen

der **Nachfolger**

die **Nachfolgerin**,
die Nachfolgerinnen

nachgucken, du guckst nach

nach Hause

nachher

die **Nachhilfe**

der **Nachkomme**, die Nachkommen

nachlässig

nachmachen, du machst nach

der **Nachmittag**, die Nachmittage

nachmittags

der **Nachname**, die Nachnamen

die **Nachricht**, die Nachrichten

die **Nachrichtensendung**,
die Nachrichtensendungen

nachschlagen, du schlägst nach,
sie schlug nach,
er hat nachgeschlagen

die **Nachsilbe**, die Nachsilben

nachsitzen, du sitzt nach,
er saß nach, sie hat nachgesessen

die **Nachspeise**, die Nachspeisen

als **Nächste**

der **Nächste**, die Nächsten

die **Nächste**, die Nächsten

nächste, nächster, nächstes

am **nächsten** – nah

nächstens

als **Nächster**

die **Nacht**, die Nächte

der **Nachteil**, die Nachteile

das **Nachthemd**, die Nachthemden

die **Nachtigall**, die Nachtigallen

der **Nachtisch**, die Nachtische

nachträglich

nachts

die **Nachtwanderung**,
die Nachtwanderungen

der **Nachwuchs**

nachzählen, du zählst nach

der **Nacken**

nackt

die **Nadel**, die Nadeln

der **Nadelbaum**, die Nadelbäume

das **Nadelöhr**, die Nadelöhre

der **Nagel**, die Nägel

der **Nagellack**

nageln, du nagelst

nagelneu

nagen, du nagst

das **Nagetier**, die Nagetiere

nah, auch: nahe,

näher, am nächsten

die **Nähe**

nähen, du nähst

näher – nah

die **Nähmaschine**, die Nähmaschinen
die **Nahrung**, die Nahrungen
das **Nahrungsmittel**
die **Naht**, die Nähte
das **Nähzeug**
    naiv
    na ja!
der **Name**, die Namen
der **Namenstag**, die Namenstage
das **Namenwort**, die Namenwörter
    nämlich
der **Napf**, die Näpfe
die **Narbe**, die Narben
die **Narkose**, die Narkosen
der **Narr**, die Narren
die **Närrin**, die Närrinnen
    närrisch
die **Narzisse**, die Narzissen
    naschen, du naschst
die **Nase**, die Nasen
das **Nasenbluten**
das **Nashorn**, die Nashörner
    nass, nasser, am nassesten,
    auch: nässer, am nässesten
die **Nation**, die Nationen
die **Natter**, die Nattern
die **Natur**, die Naturen
    natürlich
der **Naturschutz**
das **Naturschutzgebiet**,
    die Naturschutzgebiete

  ➤ **Ne**

der **Neandertaler**
der **Nebel**
    neben
    nebenan
    nebeneinander
    nebenher

    neblig, auch: nebelig
    necken, du neckst
der **Neffe**, die Neffen
    negativ
der **Negerkuss**, die Negerküsse
    nehmen, du nimmst, sie nahm,
    er hat genommen
der **Neid**
    neidisch
sich **neigen**, es neigt sich
    nein
der **Nektar**, die Nektare
die **Nektarine**, die Nektarinen
die **Nelke**, die Nelken
    nennen, du nennst, er nannte,
    sie hat genannt
der **Nerv**, die Nerven
    nerven, du nervst
    nervig
    nervös
das **Nest**, die Nester

Nest

nett

das **Netz**, die Netze

das **Netzwerk**, die Netzwerke

neu

neuerdings

die **Neugier**

neugierig

die **Neuigkeit**, die Neuigkeiten

Neujahr

neulich

neun, neunmal

neunzehn

neunzig

der **Neuschnee**

neutral

► **Ni**

nicht

die **Nichte**, die Nichten

der **Nichtraucher**

die **Nichtraucherin**,
die Nichtraucherinnen

nichts

nicken, du nickst

das **Nickerchen**

nie

nieder

die **Niederlage**, die Niederlagen

die **Niederlande**

der **Niederländer**

die **Niederländerin**,
die Niederländerinnen

niederländisch

der **Niederschlag**, die Niederschläge

niedlich

niedrig

niemals

niemand

die **Niere**, die Nieren

nieseln, es nieselt

niesen, du niest

das **Niespulver**

die **Niete**, die Nieten

der **Nikolaus**

der **Nikolaustag**

das **Nikotin**

der **Nil** (Fluss in Ägypten)

das **Nilpferd**, die Nilpferde

nippen, du nippst

nirgends

nirgendwo

die **Nische**, die Nischen

nisten, er nistet

der **Nistkasten**, die Nistkästen

die **Nixe**, die Nixen

► **No**

nobel

noch

noch mal

das **Nomen**, die Nomen,
auch: die Nomina

der **Nominativ**

die **Nonne**, die Nonnen

das **Nonnenkloster**

nonstop

der **Norden**

nördlich

der **Nordpol**

Nordrhein-Westfalen

die **Nordsee**

die **Nordseeinsel**, die Nordseeinseln

die **Nörgelei**, die Nörgeleien

nörgeln, du nörgelst

normal

Norwegen

der **Norweger**

die **Norwegerin**, die Norwegerinnen

Nixe

norwegisch

die	**Not**, die Nöte
der	**Notarzt**, die Notärzte
die	**Notärztin**, die Notärztinnen
der	**Notarztwagen**
die	**Notbremse**, die Notbremsen
die	**Note**, die Noten
das	**Notebook** (sprich: noutbuk), die Notebooks (tragbarer Computer)
das	**Notenheft**, die Notenhefte
der	**Notenschlüssel**
der	**Notenständer**
der	**Notfall**, die Notfälle
	notieren, du notierst
	nötig
der	**Notizblock**, die Notizblöcke
die	**Notlage**, die Notlagen
die	**Notlösung**, die Notlösungen
die	**Notlüge**, die Notlügen
der	**Notruf**

die	**Notwehr**
	notwendig
das	**Nougat**, auch: der Nougat, auch: das Nougat
der	**November**
☛	**Nu**
	im Nu
	nüchtern
der	**Nuckel**
	nuckeln, du nuckelst
die	**Nudel**, die Nudeln
das	**Nudelholz**, die Nudelhölzer
der	**Nudelsalat**, die Nudelsalate
der	**Nudelteig**
das	**Nugat**, auch: der Nugat, auch: das Nougat
	null
die	**Null**, die Nullen
die	**Nummer**, die Nummern
	nummerieren, du nummerierst
das	**Nummernschild**, die Nummernschilder
	nun
	nur
	nuscheln, du nuschelst
die	**Nuss**, die Nüsse
der	**Nussbaum**, die Nussbäume
der	**Nussknacker**
der	**Nusskuchen**
die	**Nussschale**, die Nussschalen
die	**Nüster**, die Nüstern
der	**Nutzen**
	nutzen, du nutzt
	nützen, du nützt
das	**Nutztier**, die Nutztiere
	nützlich
	nutzlos

Oa

die **Oase**, die Oasen

Ob

ob

obdachlos

der **Obdachlose**, die Obdachlosen

die **Obdachlose**, die Obdachlosen

die **O-Beine**

oben

der **Ober**

der **Oberarm**, die Oberarme

die **Oberfläche**, die Oberflächen

oberflächlich

oberhalb

das **Oberhaupt**, die Oberhäupter

der **Oberkiefer**

der **Oberkörper**

der **Oberschenkel**

das **Oberteil**, die Oberteile

die **Obhut**

das **Objekt**, die Objekte

objektiv

die **Oblate**, die Oblaten

die **Oboe**, die Oboen
(Musikinstrument)

das **Obst**

der **Obstbaum**, die Obstbäume

die **Obstkonserven**

der **Obstsaft**, die Obstsäfte

der **Obstsalat**, die Obstsalate

die **Obstsorte**, die Obstsorten

obwohl

Oc

der **Ochse**, die Ochsen

ocker

Od

öd, auch: öde

oder

die **Oder**

Of

der **Ofen**, die Öfen

offen

öffentlich

die **Öffentlichkeit**

offiziell

öffnen, du öffnest

die **Öffnung**, die Öffnungen

oft, öfter, am öftesten

Oh

oh!

ohne

ohnmächtig

das **Ohr**, die Ohren

Oj

oje!

Ok

die **Ökologie**

ökologisch

o. k. (Abkürzung für okay)

okay

der **Oktober**

Ol

das **Öl**, die Öle

der **Oldtimer** (altes Auto)

ölen, du ölst

ölig

die **Olive**, die Oliven

der **Öltank**, die Öltanks

die **Olympiade**, die Olympiaden

die **Olympischen Spiele**

Om

die	**Oma**, die Omas, auch: die Omi, die Omis
das	**Omelett**, die Omeletts
der	**Omnibus**, die Omnibusse

On

der	**Onkel**

Op

der	**Opa**, die Opas, auch: der Opi, die Opis
das	**Openair** (sprich: oupenär), die Openairs, auch: Open Air (Freiluft...)
die	**Oper**, die Opern
die	**Operation**, die Operationen
der	**Operationssaal**, die Operationssäle
	operieren, du wirst operiert
das	**Opfer**
der	**Optiker**
die	**Optikerin**, die Optikerinnen
	optimal (am besten)

Or

	orange
die	**Orange**, die Orangen
der	**Orangensaft**, die Orangensäfte
der	**Orang-Utan**, die Orang-Utans
das	**Orchester**
die	**Orchidee**, die Orchideen
	ordentlich
	ordinär
	ordnen, du ordnest
die	**Ordnung**, die Ordnungen
in	**Ordnung** bringen, du bringst in Ordnung
das	**Organ**, die Organe
die	**Organisation**, die Organisationen
	organisieren, du organisierst

die	**Orgel**, die Orgeln
der	**Orient**
	orientalisch
sich	**orientieren**, du orientierst dich
das	**Original**, die Originale
	original
	originell
der	**Orkan**, die Orkane
der	**Ort**, die Orte
	örtlich
die	**Ortschaft**, die Ortschaften

Os

der	**Osten**
das	**Osterei**, die Ostereier
der	**Osterhase**, die Osterhasen
	Ostern
	Österreich
der	**Österreicher**
die	**Österreicherin**, die Österreicherinnen
	österreichisch
	östlich
die	**Ostsee**
	out (sprich: aut), das ist out (unmodern)

Ov

	oval
der	**Overall**, die Overalls
der	**Overheadprojektor**, die Overheadprojektoren

Ow

	o weh!

Oz

der	**Ozean**, die Ozeane
das	**Ozon**, auch: der Ozon
das	**Ozonloch**, die Ozonlöcher
die	**Ozonschicht**
der	**Ozonwert**, die Ozonwerte

A B C D E F G H I J K L M N O P Q R S T U V W X Y Z

Pa

ein **paar** (ein paar Dinge)

das **Paar**, die Paare
(ein Paar Socken)

das **Päckchen**

packen, du packst

das **Packpapier**

die **Packung**, die Packungen

das **Paddel**

das **Paddelboot**, die Paddelboote

paddeln, du paddelst

das **Paket**, die Pakete

der **Palast**, die Paläste

die **Palme**, die Palmen

die **Pampelmuse**, die Pampelmusen

der **Panda**, die Pandas

die **Panik**, die Paniken

panisch

die **Panne**, die Pannen

das **Panorama**, die Panoramen

panschen, du panschst

der **Panther**, auch: der Panter

der **Pantoffel**, die Pantoffeln

die **Pantomime**, die Pantomimen

der **Panzer**

der **Papa**, die Papas,
auch: der Papi, die Papis

der **Papagei**, die Papageien

das **Papier**, die Papiere

der **Papierkorb**, die Papierkörbe

der **Papierschnipsel**

die **Papiertonne**, die Papiertonnen

der **Pappdeckel**,
auch: der Pappendeckel

die **Pappe**, die Pappen

die **Pappel**, die Pappeln

der **Paprika**, die Paprika,
auch: die Paprikas

der **Papst**, die Päpste

das **Paradies**, die Paradiese

parallel

das **Pärchen**

das **Parfüm**, die Parfüme,
auch: das Parfum, die Parfums

der **Park**, die Parks

parken, du parkst

das **Parkett**, die Parketts,
auch: die Parkette

der **Parkplatz**, die Parkplätze

das **Parlament**, die Parlamente

die **Partei**, die Parteien

der **Partner**

die **Partnerin**, die Partnerinnen

die **Party**, die Partys

der **Pass**, die Pässe

der **Passagier** (sprich: passaschiir),
die Passagiere (Fahrgast)

der **Passant**, die Passanten

die **Passantin**, die Passantinnen

das **Passbild**, die Passbilder

passen, du passt

passieren, es passiert

passiv

der **Pastor**, die Pastoren

die **Pastorin**, die Pastorinnen

der **Pate**, die Paten

der **Patient**, die Patienten

die **Patientin**, die Patientinnen

die **Patin**, die Patinnen

die **Patrone**, die Patronen

	pauken, du paukst
die	**Pause**, die Pausen
der	**Pavian**, die Paviane
der	**Pazifik**
der	**Pazifische Ozean**

Pc

| der | **PC** (Abkürzung für Personal Computer), die PCs |

Pe

das	**Pech**
der	**Pechvogel**, die Pechvögel
das	**Pedal**, die Pedale
	peinlich
die	**Peitsche**, die Peitschen
der	**Pelikan**, die Pelikane
die	**Pelle**, die Pellen
	pellen, du pellst
die	**Pellkartoffel**, die Pellkartoffeln
der	**Pelz**, die Pelze
	pelzig
das	**Pendel**
der	**Pendler**
	peng!
der	**Penis**, die Penisse
	pennen, du pennst
die	**Pension**, die Pensionen
	perfekt
das	**Perfekt**
die	**Periode**, die Perioden
die	**Perle**, die Perlen
die	**Person**, die Personen
der	**Personalausweis**, die Personalausweise
das	**Personalpronomen**, die Personalpronomen, auch: die Personalpronomina
	persönlich
die	**Perücke**, die Perücken

die	**Pest**
die	**Petersilie**
das	**Petroleum**
	petzen, du petzt

Pf

der	**Pfad**, die Pfade
der	**Pfadfinder**
der	**Pfahl**, die Pfähle
das	**Pfand**, die Pfänder
die	**Pfandflasche**, die Pfandflaschen
das	**Pfandglas**, die Pfandgläser
die	**Pfanne**, die Pfannen
der	**Pfannkuchen**
der	**Pfarrer**
die	**Pfarrerin**, die Pfarrerinnen
der	**Pfau**, die Pfauen
der	**Pfeffer**
der	**Pfefferkuchen**
die	**Pfefferminze**
die	**Pfeife**, die Pfeifen
	pfeifen, du pfeifst, sie pfiff, er hat gepfiffen
der	**Pfeil**, die Pfeile
der	**Pfeiler**
der	**Pfennig**, die Pfennige
das	**Pferd**, die Pferde
der	**Pferdeschwanz**, die Pferdeschwänze
der	**Pfiff**, die Pfiffe
der	**Pfifferling**, die Pfifferlinge
	pfiffig
	Pfingsten
der	**Pfirsich**, die Pfirsiche
die	**Pflanze**, die Pflanzen
	pflanzen, du pflanzt
das	**Pflaster**
die	**Pflaume**, die Pflaumen
	pflegen, du pflegst

der **Pfleger**

die **Pflegerin**, die Pflegerinnen

die **Pflicht**, die Pflichten

    pflücken, du pflückst

der **Pflug**, die Pflüge

    pflügen, du pflügst

die **Pforte**, die Pforten

der **Pfosten**

die **Pfote**, die Pfoten

    pfui!

das **Pfund**, die Pfunde

    pfuschen, du pfuschst

die **Pfütze**, die Pfützen

➤ Ph

die **Phantasie**, die Phantasien,
    auch: die Fantasie

    phantastisch, auch: fantastisch

das **Phantom**, die Phantome

der **Pharao**, die Pharaonen,
    auch: die Pharaos
    (Könige im alten Ägypten)

die **Physik**

➤ Pi

der **Pickel**

    picken, er pickt

das **Picknick**, die Picknicks

    piekfein

    piepen, es piept

    piepsen, es piepst

der **Pilger**

die **Pille**, die Pillen

der **Pilot**, die Piloten

die **Pilotin**, die Pilotinnen

das **Pils** (Bier)

der **Pilz**, die Pilze (Pilze suchen)

der **Pinguin**, die Pinguine

    pink

die **Pinnwand**, die Pinnwände

der **Pinsel**

die **Pinzette**, die Pinzetten

der **Pirat**, die Piraten

die **Piratin**, die Piratinnen

die **Piste**, die Pisten

die **Pistole**, die Pistolen

die **Pizza**, die Pizzas,
    auch: die Pizzen

die **Pizzeria**, die Pizzerien,
    auch: die Pizzerias

➤ Pk

der **Pkw** (Abkürzung für
    Personenkraftwagen), die Pkws,
    auch: der PKW, die PKWs

➤ Pl

sich **plagen**, du plagst dich

das **Plakat**, die Plakate

die **Plakette**, die Plaketten

der **Plan**, die Pläne

    planen, du planst

der **Planet**, die Planeten

Planeten

die	**Planke**, die Planken
das	**Plantschbecken**,
	auch: das Planschbecken
	plantschen, du plantschst,
	auch: planschen
	plappern, du plapperst
	plärren, du plärrst
das	**Plastik** (ein Plastikeimer)
	plätschern, es plätschert
	platt
die	**Platte**, die Platten
der	**Platz**, die Plätze
das	**Plätzchen**
	platzen, es platzt
	plaudern, du plauderst
das	**Play-back** (sprich: pläibäck),
	die Play-backs,
	auch: das Playback
	(Bandaufzeichnung)
die	**Playstation** (sprich: pläistäischn),
	die Playstations (Spielkonsole)
	pleite
die	**Plombe**, die Plomben
	plombieren, er plombiert
	plötzlich
	plump
	plumpsen, du plumpst
	plündern, du plünderst
der	**Plural**
	plus
der	**Pluto**

➤ Po

der	**Po**, die Pos, auch: der Popo
	pochen, du pochst
das	**Podium**, die Podien
das	**Poesiealbum**, die Poesiealben
der	**Pokal**, die Pokale
das	**Pokalspiel**, die Pokalspiele

der	**Pol**, die Pole
der	**Polarstern**
der	**Pole**, die Polen
	Polen
	polieren, du polierst
die	**Polin**, die Polinnen
die	**Politesse**, die Politessen
die	**Politik**
der	**Politiker**
die	**Politikerin**, die Politikerinnen
die	**Polizei**
der	**Polizist**, die Polizisten
die	**Polizistin**, die Polizistinnen
der	**Pollen**
	polnisch
das	**Polster**
	poltern, du polterst
die	**Pommes frites** (sprich: pommfrit)
das	**Pony**, die Ponys (kleines Pferd)
der	**Pony**, die Ponys (Frisur)
der	**Pool** (sprich: puul), die Pools
das	**Popcorn**
die	**Popmusik**, auch: der Pop
der	**Popo**, die Popos, auch: der Po
	populär
die	**Pore**, die Poren
die	**Portion**, die Portionen
das	**Portmonee**, die Portmonees,
	auch: das Portemonnaie
das	**Porto**, die Portos, auch: die Porti
	Portugal
der	**Portugiese**, die Portugiesen
die	**Portugiesin**, die Portugiesinnen
	portugiesisch
das	**Porzellan**, die Porzellane
die	**Posaune**, die Posaunen
	positiv
die	**Post**

P

das	**Postamt**, die Postämter
der	**Postbote**, die Postboten
die	**Postbotin**, die Postbotinnen
das	**Poster**
die	**Postkarte**, die Postkarten
die	**Power** (sprich: pauer)
	(Kraft, Stärke)
	powern (sprich: pauern),
	du powerst

➤ **Pr**

prächtig

das	**Prädikat**, die Prädikate
	prahlen, du prahlst
	praktisch
die	**Praline**, die Pralinen
	prall
die	**Prämie**, die Prämien
die	**Präposition**, die Präpositionen
die	**Prärie**, die Prärien
das	**Präsens**
der	**Präsident**, die Präsidenten
die	**Präsidentin**, die Präsidentinnen
	prasseln, es prasselt
das	**Präteritum**
die	**Praxis**, die Praxen
die	**Predigt**, die Predigten
der	**Preis**, die Preise
das	**Preisausschreiben**
	preiswert
	prellen, du prellst
die	**Prellung**, die Prellungen
die	**Presse**, die Pressen
	pressen, du presst
	prickeln
der	**Priester**
die	**Priesterin**, die Priesterinnen
	prima
	primitiv

der	**Prinz**, die Prinzen
die	**Prinzessin**, die Prinzessinnen
das	**Prinzip**, die Prinzipien
die	**Prise**, die Prisen
	(eine Prise Salz)
die	**Pritsche**, die Pritschen
	privat
die	**Probe**, die Proben
	probieren, du probierst
das	**Problem**, die Probleme
	problemlos
das	**Produkt**, die Produkte
	produzieren, du produzierst
der	**Professor**, die Professoren
die	**Professorin**, die Professorinnen
der	**Profi**, die Profis
der	**Profifußballer**
das	**Programm**, die Programme
	programmieren,
	du programmierst
das	**Projekt**, die Projekte
der	**Projektor**, die Projektoren
	prominent
	prompt
das	**Pronomen**, die Pronomen,
	auch: die Pronomina
der	**Propeller**
der	**Prophet**, die Propheten
die	**Prophetin**, die Prophetinnen
	prosit!, auch: prost!
der	**Prospekt**, die Prospekte
der	**Protestant**, die Protestanten
die	**Protestantin**, die Protestantinnen
	protestantisch
	protestieren, du protestierst
das	**Protokoll**, die Protokolle
der	**Prozess**, die Prozesse
	prüfen, du prüfst

die **Prüfung**, die Prüfungen

die **Prügel**

prügeln, du prügelst

prusten, du prustest

➤ **Ps**

PS (Abkürzung für Pferdestärke)

➤ **Pu**

die **Pubertät**

das **Publikum**

der **Pudding**, die Puddings,
auch: die Puddinge

der **Pudel**

der **Puder**

der **Pulli**, die Pullis

der **Pullover**

der **Pullunder**

der **Puls**

der **Pulsschlag**, die Pulsschläge

das **Pult**, die Pulte

das **Pulver**

die **Pumpe**, die Pumpen

pumpen, du pumpst

der **Punkt**, die Punkte

pünktlich

die **Pupille**, die Pupillen

die **Puppe**, die Puppen

pur

der **Purzelbaum**, die Purzelbäume

purzeln, du purzelst

pusten, du pustest

putzen, du putzt

putzig

puzzeln, du puzzelst

das **Puzzle**, die Puzzles

➤ **Py**

der **Pyjama** (sprich: püdschama),
die Pyjamas (Schlafanzug)

die **Pyramide**, die Pyramiden

➤ **Qu**

das **Quadrat**, die Quadrate

quadratisch

quaken, er quakt

quälen, du quälst

die **Quälerei**, die Quälereien

die **Qualifikation**, die Qualifikationen

die **Qualität**, die Qualitäten

die **Qualle**, die Quallen

der **Qualm**

qualmen, es qualmt

der **Quark**

das **Quartett**, die Quartette

das **Quartier**, die Quartiere

quasseln, du quasselst

der **Quatsch**

quatschen, du quatschst

das **Quecksilber**

die **Quelle**, die Quellen

quellen, es quillt, es quoll,
es ist gequollen

quer

querfeldein

quetschen, du quetschst

quicklebendig

quieken, du quiekst

quietschen, du quietschst

quietschvergnügt

der **Quirl**, die Quirle

quitt

die **Quittung**, die Quittungen

das **Quiz**

Ra

der **Rabatt**, die Rabatte

der **Rabbiner**

der **Rabe**, die Raben

rabenschwarz

rabiat

die **Rache**

der **Rachen**

sich **rächen**, du rächst dich

das **Rad**, die Räder

der **Radar**, die Radare,
auch: das Radar

der **Radau**

radeln, du radelst

das **Radfahren**

der **Radfahrer**

die **Radfahrerin**, die Radfahrerinnen

radieren, du radierst

der **Radiergummi**, die Radiergummis

das **Radieschen**

radikal

das **Radio**, die Radios

radioaktiv

die **Radioaktivität**

der **Radius**, die Radien

raffen, du raffst

die **Raffgier**

raffgierig

raffiniert

ragen, es ragt

der **Rahm**

der **Rahmen**

sich **räkeln**, du räkelst dich,
auch: sich rekeln

die **Rakete**, die Raketen

die **Rallye** (sprich: rälli),
die Rallyes (Autorennen)

der **Ramadan**

rammen, du rammst

die **Ranch** (sprich: ränsch), die
Ranchs, auch: die Ranches

der **Rand**, die Ränder

der **Rang**, die Ränge

die **Rangelei**, die Rangeleien

rangeln, du rangelst

rangieren, du rangierst

der **Ranzen**

ranzig

der **Rap** (sprich: räpp) (Musikrichtung)

der **Rappe**, die Rappen

der **Raps**

rar

rasant

rasch

rascheln, du raschelst

rasen, du rast

der **Rasen**

der **Rasenmäher**

der **Rasierapparat**,
die Rasierapparate

sich **rasieren**, du rasierst dich

raspeln, du raspelst

die **Rasse**, die Rassen

die **Rassel**, die Rasseln

rasseln, du rasselst

die **Rast**

rasten, du rastest

die **Raststätte**, die Raststätten

die **Rate**, die Raten
(eine Rate zahlen)

raten, du rätst, sie riet,
er hat geraten

das **Rathaus**, die Rathäuser

das **Rätsel**

rätselhaft

die **Ratte**, die Ratten

rattern, du ratterst

rau

rauben, du raubst

der **Räuber**

das **Raubtier**, die Raubtiere

der **Rauch**

rauchen, du rauchst

rauf

der **Raufbold**, die Raufbolde

raufen, du raufst

die **Rauferei**, die Raufereien

der **Raum**, die Räume

räumen, du räumst

das **Raumschiff**, die Raumschiffe

die **Raupe**, die Raupen

der **Raureif**

raus

rauschen, es rauscht

das **Rauschgift**

rauskommen, du kommst
raus, sie kam raus,
er ist rausgekommen

sich **räuspern**, du räusperst dich

die **Ravioli**

die **Razzia**, die Razzien

➤ **Re**

reagieren, du reagierst

die **Reaktion**, die Reaktionen

der **Reaktor**, die Reaktoren

real (wirklich)

die **Realschule**, die Realschulen

der **Realschüler**

die **Realschülerin**,
die Realschülerinnen

die **Rebe**, die Reben

rechen, du rechst
(das Beet rechen)

der **Rechen**

der **Rechenfehler**

rechnen, du rechnest

die **Rechnung**, die Rechnungen

recht

das **Recht**, die Rechte

das **Rechteck**, die Rechtecke

rechts

die **Rechtschreibung**

rechtzeitig

das **Reck**, die Recks, auch: die Recke

sich **recken**, du reckst dich

der **Recorder**, auch: der Rekorder

das **Recycling** (sprich: rissaikling)
(Wiederverwertung)

die **Rede**, die Reden

reden, du redest

das **Referat**, die Referate

der **Refrain** (sprich: refrää),
die Refrains (Kehrreim)

das **Regal**, die Regale

die **Regatta**, die Regatten

die **Regel**, die Regeln

regelmäßig

der **Regen**

sich **regen**, du regst dich

der **Regenbogen**

der **Regenschirm**, die Regenschirme

der **Regentropfen**

der **Regenwurm**, die Regenwürmer

regieren, sie regiert

der **Regisseur**, die Regisseure

die **Regisseurin**, die Regisseurinnen

reglos

regnen, es regnet

das **Reh**, die Rehe

die **Reibe**, die Reiben

reiben, du reibst, sie rieb,
er hat gerieben

reibungslos

reich

reichen, du reichst

reif

der **Reif** (gefrorener Tau)

der **Reifen**

die **Reifenpanne**, die Reifenpannen

die **Reihe**, die Reihen

die **Reihenfolge**, die Reihenfolgen

der **Reiher**

der **Reim**, die Reime

reimen, du reimst

sich **reimen**, es reimt sich

rein

der **Reinfall**, die Reinfälle

reinfallen, du fällst rein,
er fiel rein, sie ist reingefallen

reinigen, du reinigst

reinkommen, du kommst rein,
sie kam rein, er ist reingekommen

der **Reis**

die **Reise**, die Reisen

das **Reisebüro**, die Reisebüros

reisen, du reist
(nach Italien reisen)

das **Reiskorn**, die Reiskörner

reißen, du reißt, er riss,
sie hat gerissen
(etwas in Stücke reißen)

der **Reißverschluss**,
die Reißverschlüsse

die **Reißzwecke**, die Reißzwecken

reiten, du reitest, sie ritt,
er ist geritten

der **Reiter**

die **Reiterin**, die Reiterinnen

der **Reiz**, die Reize

reizen, du reizt

reizend

die **Reklame**, die Reklamen

reklamieren, du reklamierst

der **Rekord**, die Rekorde

der **Rekorder**, auch: der Recorder

der **Rektor**, die Rektoren

das **Rektorat**, die Rektorate

die **Rektorin**, die Rektorinnen

relativ

die **Religion**, die Religionen

die **Remoulade**, die Remouladen

rempeln, du rempelst

das **Rennauto**, die Rennautos

rennen, du rennst, sie rannte,
er ist gerannt

der **Renner**

renovieren, du renovierst

die **Rente**, die Renten

der **Rentner**

die **Rentnerin**, die Rentnerinnen

die **Reparatur**, die Reparaturen

reparieren, du reparierst

die **Reportage** (sprich: reportaasche),
die Reportagen (Berichterstattung)

der **Reporter**

die **Reporterin**, die Reporterinnen

das **Reptil**, die Reptilien

die **Republik**, die Republiken

reservieren, du reservierst

der **Respekt**

respektlos

der **Rest**, die Reste

das **Restaurant** (sprich: restorang),
die Restaurants
restlos
die **Restmülltonne**,
die Restmülltonnen
das **Resultat**, die Resultate
retten, du rettest
der **Rettich**, die Rettiche
das **Rettungsboot**, die Rettungsboote
die **Reue**
das **Revier**, die Reviere
der **Revolver**
das **Rezept**, die Rezepte

➤ **Rh**

der **Rhabarber**
der **Rhein**
Rheinland-Pfalz
rhythmisch
der **Rhythmus**, die Rhythmen

➤ **Ri**

richten, du richtest
der **Richter**
die **Richterin**, die Richterinnen
richtig
die **Richtung**, die Richtungen
riechen, es riecht, es roch,
es hat gerochen
der **Riegel**
der **Riemen**
der **Riese**, die Riesen
rieseln, es rieselt
riesengroß
das **Riesenrad**, die Riesenräder
riesig (ein riesiger Berg)
das **Riff**, die Riffe
die **Rille**, die Rillen
das **Rind**, die Rinder
die **Rinde**, die Rinden

der **Rinderwahnsinn**
der **Ring**, die Ringe
das **Ringbuch**, die Ringbücher
ringen, du ringst
der **Ringkampf**, die Ringkämpfe
ringsherum

Ritterburg

die **Rinne**, die Rinnen
rinnen, es rinnt, es rann,
es ist geronnen
die **Rippe**, die Rippen
riskieren, du riskierst
das **Risiko**, die Risikos,
auch: die Risiken
riskant
der **Riss**, die Risse
rissig (eine rissige Wand)
der **Ritter**
die **Ritterburg**, die Ritterburgen
die **Ritterrüstung**, die Ritterrüstungen
die **Ritterzeit**

die **Ritze**, die Ritzen
ritzen, du ritzt

der **Rivale**, die Rivalen

die **Rivalin**, die Rivalinnen

die **Rivalität**, die Rivalitäten

☞ Ro

die **Robbe**, die Robben
robben, du robbst

der **Roboter**

robust

röcheln, du röchelst

der **Rock**, die Röcke (Kleidungsstück)

der **Rocker**

das **Rockkonzert**, die Rockkonzerte

die **Rockmusik**

die **Rodelbahn**, die Rodelbahnen
rodeln, du rodelst

der **Rodeo**, auch: das Rodeo,
die Rodeos

der **Roggen**

das **Roggenbrot**, die Roggenbrote

das **Roggenmehl**
roh

die **Rohkost**

der **Rohstoff**, die Rohstoffe

das **Rohr**, die Rohre

die **Röhre**, die Röhren

der **Rohrkolben**

die **Rolle**, die Rollen
rollen, du rollst

der **Roller**

die **Rollerblades**

die **Rollerskates**

der **Rollkragen**

der **Rollladen**, die Rollläden

der **Rollmops**, die Rollmöpse

der **Rollschuh**, die Rollschuhe

der **Rollstuhl**, die Rollstühle

der **Roman**, die Romane
romantisch

der **Römer**

die **Römerin**, die Römerinnen
röntgen, du wirst geröntgt
rosa

die **Rose**, die Rosen

der **Rosenkohl**

die **Rosine**, die Rosinen

das **Rosinenbrötchen**

das **Ross**, die Rösser

der **Rost**, die Roste
rosten, es rostet
rösten, du röstest
rostig
rot

das **Rote Kreuz**

das **Rotkehlchen**

der **Rotkohl**

das **Rotkraut**
rötlich

die **Roulade**, (sprich: rulaade),
die Rouladen (Fleischgericht)

Ruine

Ru

rubbeln, du rubbelst

die **Rübe**, die Rüben

der **Rückblick**, die Rückblicke

rücken, du rückst

der **Rücken**

die **Rückenschmerzen**

rückenschwimmen

die **Rückfahrkarte**,
die Rückfahrkarten

die **Rückfahrt**, die Rückfahrten

die **Rückgabe**, die Rückgaben

rückgängig

das **Rückgrat**

der **Rucksack**, die Rucksäcke

die **Rücksicht**, die Rücksichten

rücksichtslos

rücksichtsvoll

der **Rücksitz**, die Rücksitze

der **Rückspiegel**

der **Rückstrahler**

rückwärts

der **Rückwärtsgang**,
die Rückwärtsgänge

der **Rüde**, die Rüden

das **Rudel**

das **Ruder**

das **Ruderboot**, die Ruderboote

rudern, du ruderst

der **Ruf**, die Rufe

rufen, du rufst, sie rief,
er hat gerufen

die **Ruhe**

ruhig

der **Ruhm**

rühren, du rührst

die **Ruine**, die Ruinen

rülpsen, du rülpst

Rumänien

rumänisch

der **Rummelplatz**, die Rummelplätze

rumoren, du rumorst

die **Rumpelkammer**,
die Rumpelkammern

rumpeln, es rumpelt

das **Rumpelstilzchen**

der **Rumpf**, die Rümpfe

rund

die **Runde**, die Runden

die **Rundfahrt**, die Rundfahrten

der **Rundfunk**

rundlich

runter

runterladen, du lädst runter,
er lud runter, sie hat runtergeladen
auch: herunterladen

runzeln, du runzelst

runzlig, auch: runzelig

rupfen, du rupfst

ruppig

die **Rushhour** (sprich: raschauer),
die Rushhours (Hauptverkehrszeit)

der **Ruß**, die Ruße

der **Russe**, die Russen

der **Rüssel**

rußig

die **Russin**, die Russinnen

russisch

Russland

rustikal

die **Rüstung**, die Rüstungen

die **Rute**, die Ruten

die **Rutschbahn**, die Rutschbahnen

die **Rutsche**, die Rutschen

rutschen, du rutschst

rütteln, du rüttelst

➤ **Sa**

der **Saal**, die Säle
Saarland
die **Saat**, die Saaten
der **Sabbat**, die Sabbate
sabbern, du sabberst
der **Säbel**
die **Sache**, die Sachen
die **Sachkunde**,
auch: der Sachunterricht
sächlich
der **Sachschaden**, die Sachschäden
Sachsen
Sachsen-Anhalt
sächsisch
sacht, auch: sachte
der **Sachunterricht**,
auch: die Sachkunde
der **Sack**, die Säcke
die **Sackgasse**, die Sackgassen
säen, du säst
die **Safari**, die Safaris
der **Safaripark**, die Safariparks
der **Safe** (sprich: säif), die Safes
der **Saft**, die Säfte
saftig
die **Sage**, die Sagen
die **Säge**, die Sägen
sagen, du sagst
sägen, du sägst
sagenhaft
die **Sägespäne**

das **Sägewerk**
die **Sahara**
die **Sahne**
die **Sahnesoße**, die Sahnesoßen
die **Sahnetorte**, die Sahnetorten
sahnig
die **Saison**, die Saisons
die **Saite**, die Saiten
(die Saite der Gitarre)
der **Salamander**
die **Salami**, die Salamis
der **Salat**, die Salate
die **Salatschüssel**,
die Salatschüsseln
die **Salbe**, die Salben
der **Salto**, die Saltos, auch: die Salti
das **Salz**, die Salze
das **Salzbergwerk**,
die Salzbergwerke
salzen, du salzt
salzig
die **Salzstange**, die Salzstangen
das **Salzwasser**
der **Samen**, auch: der Same
sammeln, du sammelst
die **Sammlung**, die Sammlungen
am **Samstag**
der **Samstag**, die Samstage
am **Samstagabend**
samstags
der **Samt**
sämtlich, sämtliche
das **Sanatorium**, die Sanatorien
der **Sand**
die **Sandale**, die Sandalen
sandig
der **Sandkasten**, die Sandkasten,
auch: die Sandkästen

der **Sandstrand**, die Sandstrände

das **Sandwich** (sprich: sändwitsch),
auch: der Sandwich,
die Sandwichs,
auch: die Sandwiches,
auch: die Sandwiche

sanft

die **Sänfte**, die Sänften

der **Sänger**

die **Sängerin**, die Sängerinnen

der **Sanitäter**

die **Sanitäterin**, die Sanitäterinnen

die **Sardine**, die Sardinen

der **Sarg**, die Särge

der **Satellit**, die Satelliten

das **Satellitenfoto**, die Satellitenfotos

satt

der **Sattel**, die Sättel

der **Sattelschlepper**

der **Saturn**

der **Satz**, die Sätze

die **Satzaussage**, die Satzaussagen

der **Satzgegenstand**,
die Satzgegenstände

das **Satzzeichen**

die **Sau**, die Säue, auch: die Sauen

sauber

die **Sauberkeit**
säubern, du säuberst
saublöd

die **Sauce** (sprich: sooße),
auch: die Soße, die Saucen
sauer

die **Sauerei**, die Sauereien

die **Sauerkirsche**, die Sauerkirschen

das **Sauerkraut**
säuerlich

der **Sauerstoff**

die **Sauerstoffflasche**,
die Sauerstoffflaschen
saufen, du säufst, er soff,
sie hat gesoffen
saugen, du saugst
säugen, du säugst

das **Säugetier**, die Säugetiere

der **Säugling**, die Säuglinge

die **Säule**, die Säulen

der **Saum**, die Säume

Saurier

die **Sauna**, die Saunas,
auch: die Saunen

die **Säure**, die Säuren

der **Saurier**
säuseln, du säuselst
sausen, du saust

das **Saxofon**, auch: das Saxophon,
die Saxofone

☛ **Sb**

die **S-Bahn**, die S-Bahnen

☛ Sc

der **Scanner** (sprich: skänner)
(Computerzubehör)

☛ Scha

schäbig
die **Schablone**, die Schablonen
das **Schach**
das **Schachbrett**, die Schachbretter
der **Schacht**, die Schächte
die **Schachtel**, die Schachteln
schade
der **Schädel**
schaden, du schadest
der **Schaden**, die Schäden
die **Schadenfreude**
schadenfroh
schädlich
das **Schaf**, die Schafe
der **Schäferhund**, die Schäferhunde
schaffen, du schaffst es
schaffen, du schaffst, er schuf,
sie hat geschaffen
(ein Kunstwerk schaffen)
der **Schaffner**
die **Schaffnerin**, die Schaffnerinnen
der **Schafkäse**, auch: der Schafskäse
der **Schal**, die Schale,
auch: die Schals
die **Schale**, die Schalen
schälen, du schälst
der **Schall**
die **Schallplatte**, die Schallplatten
schalten, du schaltest
der **Schalter**
das **Schaltjahr**, die Schaltjahre
die **Schaltung**, die Schaltungen
sich **schämen**, du schämst dich
die **Schande**

die **Schanze**, die Schanzen
die **Schar**, die Scharen
scharf, schärfer, am schärfsten
scharfsinnig
der **Scharlach**
das **Scharnier**, die Scharniere
scharren, du scharrst
der **Schaschlik**,
auch: das Schaschlik,
die Schaschliks
der **Schatten**
schattig
der **Schatz**, die Schätze
schätzen, du schätzt
die **Schatztruhe**, die Schatztruhen
schauderhaft
schauen, du schaust
der **Schauer**
die **Schaufel**, die Schaufeln
schaufeln, du schaufelst
das **Schaufenster**
die **Schaukel**, die Schaukeln
schaukeln, du schaukelst
das **Schaukelpferd**,
die Schaukelpferde
der **Schaum**, die Schäume
schäumen, es schäumt
der **Schaumstoff**, die Schaumstoffe
schaurig
der **Schauspieler**
die **Schauspielerin**,
die Schauspielerinnen

☛ Sche

der **Scheck**, die Schecks
scheckig
die **Scheibe**, die Scheiben
der **Scheich**, die Scheiche,
auch: die Scheichs

die **Scheide**, die Scheiden

scheiden, du scheidest, er schied,
sie hat geschieden

sich **scheiden** lassen,
du lässt dich scheiden,
sie ließ sich scheiden,
er hat sich scheiden lassen

die **Scheidung**, die Scheidungen

scheinbar

scheinen, es scheint, es schien,
es hat geschienen

der **Scheitel**

scheitern, du scheiterst

schellen, du schellst

der **Schelm**, die Schelme

schelten, du schiltst, er schalt,
sie hat gescholten

das **Schema**, die Schemas
oder: Schemata

der **Schemel**

der **Schenkel**

schenken, du schenkst

scheppern, es scheppert

die **Scherbe**, die Scherben

die **Schere**, die Scheren

die **Schererei**, die Scherereien

der **Scherz**, die Scherze

scherzen, du scherzt

die **Scherzfrage**, die Scherzfragen

scheu

scheuen, das Pferd scheut

sich **scheuen**, du scheust dich

die **Scheu**

scheuchen, du scheuchst

scheuern, du scheuerst

die **Scheune**, die Scheunen

das **Scheusal**, die Scheusale

scheußlich

➤ Schi

der **Schi**, die Schi, auch: die
Schier, auch: der Ski

die **Schicht**, die Schichten

schick, auch: chic

schicken, du schickst

das **Schicksal**, die Schicksale

schieben, du schiebst, sie schob

die **Schiebetür**, die Schiebetüren

der **Schiedsrichter**

die **Schiedsrichterin**,
die Schiedsrichterinnen

schief

schielen, du schielst

das **Schienbein**, die Schienbeine

die **Schiene**, die Schienen

schießen, du schießt, er schoss,
sie hat geschossen

das **Schiff**, die Schiffe

die **Schifffahrt**, die Schifffahrten

die **Schikane**, die Schikanen

schikanieren, du schikanierst

das **Schild**, die Schilder

schildern, du schilderst

die **Schildkröte**, die Schildkröten

das **Schilf**

schillern, die Feder schillert

der **Schimmel**

schimmern, es schimmert

schimmlig

der **Schimpanse**, die Schimpansen

schimpfen, du schimpfst

das **Schimpfwort**, die Schimpfwörter

der **Schinken**

die **Schippe**, die Schippen

schippen, du schippst

der **Schirm**, die Schirme

der **Schirmständer**

→ Schl

die **Schlacht**, die Schlachten
schlachten, du schlachtest
der **Schlaf**
der **Schlafanzug**, die Schlafanzüge
die **Schläfe**, die Schläfen
schlafen, du schläfst, sie schlief,
er hat geschlafen
schlaff
der **Schlag**, die Schläge
schlagen, du schlägst, er schlug,
sie hat geschlagen
der **Schlager**
der **Schläger**
die **Schlägerei**, die Schlägereien
schlagfertig
die **Schlagsahne**
der **Schlamassel**,
auch: das Schlamassel
der **Schlamm**
die **Schlamperei**, die Schlampereien
schlampig
die **Schlange**, die Schlangen
sich **schlängeln**, du schlängelst dich
schlank
schlapp
das **Schlaraffenland**
schlau
der **Schlauch**, die Schläuche
das **Schlauchboot**, die Schlauchboote
die **Schlaufe**, die Schlaufen
schlecht
schlecken, du schleckst
das **Schleckermäulchen**
schleichen, du schleichst,
sie schlich, er ist geschlichen
der **Schleier**
die **Schleife**, die Schleifen

schleifen, du schleifst
(etwas über den Boden schleifen)
schleifen, du schliffst, er schliff,
sie hat geschliffen
(ein Messer schleifen)
der **Schleim**
schleimig
schlendern, du schlenderst
die **Schleppe**, die Schleppen
schleppen, du schleppst
Schleswig-Holstein
schleudern, du schleuderst
schleunigst
die **Schleuse**, die Schleusen
schlicht
schlichten, du schlichtest
schließen, du schließt, er schloss,
sie hat geschlossen
schließlich
schlimm

Schmetterling

die **Schlinge**, die Schlingen
schlingen, du schlingst,
sie schlang, er hat geschlungen
die **Schlingpflanze**,
die Schlingpflanzen
der **Schlips**, die Schlipse
der **Schlitten**
der **Schlittschuh**, die Schlittschuhe
der **Schlitz**, die Schlitze
das **Schlitzohr**, die Schlitzohren
das **Schloss**, die Schlösser
der **Schlosser**
die **Schlosserei**, die Schlossereien
die **Schlosserin**, die Schlosserinnen
schlottern, du schlotterst
die **Schlucht**, die Schluchten
schluchzen, du schluchzt
der **Schluck**, die Schlucke
der **Schluckauf**,
die Schluckbeschwerden
schlucken, du schluckst
schlummern, du schlummerst
schlüpfen, du schlüpfst
das **Schlupfloch**, die Schlupflöcher
schlurfen, du schlurfst
schlürfen, du schlürfst
der **Schluss**, die Schlüsse
der **Schlüssel**
das **Schlüsselloch**,
die Schlüssellöcher
der **Schlussverkauf**
➤ **Schm**
schmächtig
schmackhaft
schmal,
schmaler, am schmalsten,
auch: am schmälsten
schmatzen, du schmatzt

schmecken, du schmeckst
schmeicheln, du schmeichelst
schmeißen, du schmeißt,
er schmiss, sie hat geschmissen
schmelzen, es schmilzt,
es schmolz, es ist geschmolzen
der **Schmerz**, die Schmerzen
schmerzen, es schmerzt
schmerzhaft
das **Schmerzmittel**
der **Schmetterling**, die Schmetterlinge
der **Schmied**, die Schmiede
die **Schmiedin**, die Schmiedinnen
schmieren, du schmierst
der **Schmierfink**, die Schmierfinken
sich **schminken**, du schminkst dich
schmökern, du schmökerst
schmollen, du schmollst
der **Schmuck**
schmücken, du schmückst
das **Schmuckstück**,
die Schmuckstücke
schmuggeln, du schmuggelst
schmunzeln, du schmunzelst
schmusen, du schmust
der **Schmutz**
schmutzig
➤ **Schn**
der **Schnabel**, die Schnäbel
die **Schnake**, die Schnaken
die **Schnalle**, die Schnallen
schnalzen, du schnalzt
schnappen, du schnappst
der **Schnappschuss**,
die Schnappschüsse
schnarchen, du schnarchst
schnattern, du schnatterst
schnaufen, du schnaufst

die **Schnauze**, die Schnauzen
sich **schnäuzen**, du schnäuzt dich
die **Schnecke**, die Schnecken
der **Schnee**
der **Schneeball**, die Schneebälle
schneebedeckt
der **Schneemann**, die Schneemänner
schneeweiß
schneiden, du schneidest,
sie schnitt, er hat geschnitten
der **Schneider**
die **Schneiderin**, die Schneiderinnen
der **Schneidezahn**,
die Schneidezähne
schneien, es schneit
schnell
die **Schnelligkeit**
schniefen
schnippeln, du schnippelst
schnippisch
der **Schnitt**, die Schnitte
die **Schnitte**, die Schnitten
der **Schnittlauch**
die **Schnittwunde**, die Schnittwunden
das **Schnitzel**
schnitzen, du schnitzt
der **Schnorchel**
schnorcheln, du schnorchelst
der **Schnörkel**
schnüffeln, du schnüffelst
der **Schnuller**
der **Schnupfen**
schnuppern, du schnupperst
die **Schnur**, die Schnüre
schnüren, du schnürst
der **Schnurrbart**, die Schnurrbärte
schnurren, sie schnurrt
der **Schnürsenkel**

● **Scho**

der **Schock**, die Schocks
schocken, es schockt
schockiert
die **Schokolade**, die Schokoladen
die **Scholle**, die Schollen
schon
schön
schonen, du schonst
schöpfen, du schöpfst
der **Schornstein**, die Schornsteine
der **Schornsteinfeger**
die **Schornsteinfegerin**,
die Schornsteinfegerinnen
der **Schoß**, die Schöße
die **Schote**, die Schoten

● **Schr**

schräg
die **Schramme**, die Schrammen
der **Schrank**, die Schränke
die **Schranke**, die Schranken
die **Schraube**, die Schrauben
schrauben, du schraubst
der **Schraubverschluss**,
die Schraubverschlüsse
der **Schrebergarten**,
die Schrebergärten
der **Schreck**, die Schrecke,
auch: die Schrecken
schrecklich
der **Schrei**, die Schreie
schreiben, du schreibst,
er schrieb, sie hat geschrieben
die **Schreibmaschine**,
die Schreibmaschinen
schreien, du schreist, sie schrie,
er hat geschrien
der **Schreiner**

die **Schreinerin**, die Schreinerinnen

schreiten, du schreitest, er schritt,
sie ist geschritten

die **Schrift**, die Schriften

der **Schritt**, die Schritte

der **Schrott**

schrubben, du schrubbst

➥ Schu

die **Schubkarre**, die Schubkarren

die **Schublade**, die Schubladen

schubsen, du schubst,
auch: schupsen

schüchtern

die **Schüchternheit**

der **Schuft**, die Schufte

schuften, du schuftest

der **Schuh**, die Schuhe

die **Schuhcreme**,
auch: die Schuhkreme
oder: die Schuhkrem

die **Schularbeiten**

der **Schulbus**, die Schulbusse

die **Schuld**
(es ist meine Schuld)

die **Schulden**
(ich habe Schulden)

schuld
(ich bin schuld)

schuldig

die **Schule**, die Schulen

der **Schüler**

die **Schülerin**, die Schülerinnen

das **Schuljahr**, die Schuljahre

der **Schulleiter**

die **Schulleiterin**, die Schulleiterinnen

die **Schultasche**, die Schultaschen

die **Schulter**, die Schultern

schummeln, du schummelst

schunkeln, du schunkelst

die **Schuppe**, die Schuppen
(Haarschuppen)

der **Schuppen** (Geräteschuppen)

schupsen, du schupst,
auch: schubsen

die **Schürze**, die Schürzen

der **Schuss**, die Schüsse

die **Schüssel**, die Schüsseln

der **Schuster**

die **Schusterin**, die Schusterinnen

der **Schutt**

schütteln, du schüttelst

schütten, du schüttest

der **Schutz**

das **Schutzblech**, die Schutzbleche

der **Schütze**, die Schützen

schützen, du schützt

die **Schutzkleidung**

der **Schutzmann**, die Schutzleute

➥ Schw

schwach,
schwächer, am schwächsten

der **Schwager**, die Schwäger

die **Schwägerin**, die Schwägerinnen

die **Schwalbe**, die Schwalben

der **Schwamm**, die Schwämme

der **Schwan**, die Schwäne

schwanger

die **Schwangerschaft**,
die Schwangerschaften

schwanken, du schwankst

der **Schwanz**, die Schwänze

schwärmen, du schwärmst

schwarz, schwärzer,
am schwärzesten

schwatzen, du schwatzt,
auch: schwätzen

A B C D E F G H I J K L M N O P Q R S T U V W X Y Z

der	**Schwebebalken**
	schweben, du schwebst
der	**Schwede**, die Schweden
	Schweden
die	**Schwedin**, die Schwedinnen
	schwedisch
der	**Schweif**, die Schweife
	schweigen,
	du schweigst, er schwieg,
	sie hat geschwiegen
	schweigsam
das	**Schwein**, die Schweine
die	**Schweinerei**, die Schweinereien
der	**Schweiß**
	schweißen, du schweißt
die	**Schweiz**
der	**Schweizer**
die	**Schweizerin**, die Schweizerinnen
	schwelen, es schwelt (Feuer)
	schwellen, es schwillt, es schwoll,
	es ist geschwollen
	schwenken, du schwenkst
	schwer
	schwerhörig
das	**Schwert**, die Schwerter
die	**Schwertlilie**, die Schwertlilien
die	**Schwester**, die Schwestern
der	**Schwiegersohn**,
	die Schwiegersöhne
die	**Schwiegertochter**,
	die Schwiegertöchter
	schwierig
die	**Schwierigkeit**,
	die Schwierigkeiten
das	**Schwimmbad**, die Schwimmbäder
	schwimmen,
	du schwimmst, sie schwamm,
	er ist geschwommen

die	**Schwimmflosse**,
	die Schwimmflossen
der	**Schwindel**
	schwindeln, du schwindelst
	schwindlig, auch: schwindelig
	schwingen, du schwingst,
	sie schwang, er hat geschwungen
	schwitzen, du schwitzt
	schwören, du schwörst,
	sie schwor, er hat geschworen
	schwül
der	**Schwung**, die Schwünge
der	**Schwur**, die Schwüre

➤ **Sci**

die	**Sciencefiction**
	(sprich: sseinsfiktschn)
	auch: Science-Fiction

➤ **Se**

	sechs, sechsmal
das	**Sechskornbrot**,
	die Sechskornbrote
	sechzehn
	sechzig
die	**See** (Meer)
der	**See**, die Seen
die	**Seele**, die Seelen
der	**Seemann**, die Seeleute
die	**Seerose**, die Seerosen
das	**Segelboot**, die Segelboote
	segeln, du segelst
der	**Segen**
	sehen, du siehst, er sah,
	sie hat gesehen
die	**Sehenswürdigkeit**,
	die Sehenswürdigkeiten
die	**Sehne**, die Sehnen
sich	**sehnen**, du sehnst dich
die	**Sehnsucht**, die Sehnsüchte

sehnsüchtig

sehr

seicht

ihr   **seid** – sein

die   **Seide**, die Seiden

die   **Seife**, die Seifen

die   **Seifenblase**, die Seifenblasen

das   **Seil**, die Seile

die   **Seilbahn**, die Seilbahnen

sein, ich bin, du bist, er ist,
wir sind, ihr seid, sie sind, ich war,
du warst, ihr wart, sie ist gewesen

sein, seine, seiner

seit (seit gestern)

seitdem

die   **Seite**, die Seiten
(Buchseite)

seitwärts

der   **Sekretär**, die Sekretäre

das   **Sekretariat**, die Sekretariate

die   **Sekretärin**, die Sekretärinnen

Sessellift

der   **Sekt**

die   **Sekte**, die Sekten

die   **Sekunde**, die Sekunden

sekundenlang

selber

selbst

der   **Selbstlaut**, die Selbstlaute

selbstständig,
auch: selbständig

selbstverständlich

selig

selten

seltsam

das   **Semester**

das   **Seminar**, die Seminare

die   **Semmel**, die Semmeln

die   **Semmelbrösel**

senden, du sendest, er sandte,
auch: er sendete, sie hat gesandt,
auch: sie hat gesendet

der   **Sender**

die   **Sendung**, die Sendungen

der   **Senf**

senkrecht

die   **Senkrechte**, die Senkrechten

die   **Sensation**, die Sensationen

sensationell

die   **Sense**, die Sensen

der   **Sensor**, die Sensoren

der   **September**

die   **Serie**, die Serien

der   **Service** (sprich: sörwiss)
(Betreuung)

servieren, du servierst

die   **Serviette**, die Servietten

der   **Sessel**

der   **Sessellift**, die Sessellifte,
auch: die Sessellifts

sich	**setzen**, du setzt dich
die	**Seuche**, die Seuchen
	seufzen, du seufzt
die	**Sexualität**
	sexy

➤ **Sh**

das	**Shampoo** (sprich: schampuu), die Shampoos
der	**Sheriff**, die Sheriffs
der	**Shop**, die Shops
die	**Shorts**
die	**Show**, die Shows

➤ **Si**

	sich
die	**Sichel**, die Sicheln
	sicher
die	**Sicherheit**, die Sicherheiten
der	**Sicherheitsgurt**, die Sicherheitsgurte
die	**Sicherung**, die Sicherungen
die	**Sicht**
	sichtbar
	sie
das	**Sieb**, die Siebe
	sieben, du siebst (Mehl sieben)
	sieben, siebenmal
	siebzehn
	siebzig
die	**Siedlung**, die Siedlungen
der	**Sieg**, die Siege
	siegen, du siegst
der	**Sieger**
die	**Siegerehrung**, die Siegerehrungen
die	**Siegerin**, die Siegerinnen
das	**Signal**, die Signale
die	**Silbe**, die Silben
das	**Silber**

die	**Silbermedaille**, die Silbermedaillen
	silbern
das	**Silo**, die Silos
der	**Silvester**, auch: das Silvester
der	**Silvesterabend**, die Silvesterabende
	simpel
sie	**sind** – sein
	singen, du singst, sie sang, er hat gesungen
der	**Single** (sprich: ssingl), die Singles (Mensch ohne Partner)
der	**Singular**
	sinken, du sinkst, er sank, sie ist gesunken
der	**Sinn**, die Sinne
	sinnlos
	sinnvoll
die	**Sintflut**
die	**Sirene**, die Sirenen
der	**Sirup**
die	**Situation**, die Situationen
der	**Sitz**, die Sitze
	sitzen, du sitzt, sie saß, er hat gesessen
die	**Sitzung**, die Sitzungen

➤ **Sk**

die	**Skala**, die Skalen, auch: die Skalas
der	**Skandal**, die Skandale
der	**Skat**, auch: das Skatspiel, die Skatspiele
das	**Skateboard**, (sprich: skäitbord), die Skateboards
das	**Skelett**, die Skelette
der	**Sketsch**, auch: der Sketch, die Sketsche

der	**Ski**, auch: der Schi, die Ski, auch: die Skier
die	**Skizze**, die Skizzen
der	**Sklave**, die Sklaven
die	**Sklaverei**
die	**Sklavin**, die Sklavinnen

➤ **Sl**

der	**Slalom**, die Slaloms
der	**Slip**, die Slips
	slowakisch
die	**Slowakische Republik**
der	**Slum** (sprich: der slamm), die Slums (Armenviertel)

➤ **Sm**

der	**Smog**

➤ **So**

	so
	sobald
die	**Socke**, auch: der Socken, die Socken
das	**Söckchen**
der	**Sockel**
	sodass, auch: so dass
	soeben
das	**Sofa**, die Sofas
	sofort
das	**Softeis**
die	**Software** (sprich: softwär) (Computerprogramm)
	sogar
	so genannt
	sogleich
die	**Sohle**, die Sohlen
der	**Sohn**, die Söhne
	solange (Solange ich schlafe, kann ich nicht ...)
	so lange (Ich bleibe so lange zu Hause, bis ...)

die	**Solarenergie**
	solch, solche,
	solcher, solches
der	**Soldat**, die Soldaten
die	**Soldatin**, die Soldatinnen
	sollen, du sollst
	solo
der	**Sommer**
die	**Sommerferien**
die	**Sommersprosse**, die Sommersprossen
das	**Sonderangebot**, die Sonderangebote
	sonderbar
der	**Sondermüll**
	sondern
die	**Sonderschule**, die Sonderschulen
der	**Song**, die Songs
der	**Sonnabend**, die Sonnabende
	sonnabends
die	**Sonne**, die Sonnen
sich	**sonnen**, du sonnst dich
der	**Sonnenbrand**, die Sonnenbrände
	sonnig
der	**Sonntag**, die Sonntage
am	**Sonntag**
	sonntags
	sonst
	sonstige
	sonst wo
	sooft (sooft ich kann ...)
	so oft (Ich habe das Buch so oft gelesen, dass ...)
der	**Sopran**, die Soprane
die	**Sorge**, die Sorgen
sich	**sorgen**, du sorgst dich
	sorgfältig
die	**Sorte**, die Sorten

A B C D E F G H I J K L M N O P Q R **S** T U V W X Y Z

sortieren, du sortierst
SOS
die **Soße**, auch: die Sauce, die Soßen
der **Sound** (sprich: saund), die Sounds
das **Souvenir** (sprich: ssuweniir),
die Souvenirs (Erinnerungsstück)
soviel (soviel ich weiß, ...)
so viel (so viel Spaß)
soweit (soweit ich weiß, ...)
so weit (Der Weg ist so weit.)
sowieso
sowohl
sozial

► Spa

der **Spagat**, auch: das Spagat
die **Spaghetti**, auch: die Spagetti
spähen, du spähst
die **Spalte**, auch: der Spalt,
die Spalten
spalten, du spaltest
der **Span**, die Späne
die **Spange**, die Spangen
Spanien
der **Spanier**
die **Spanierin**, die Spanierinnen
spanisch
spannen, du spannst
spannend
die **Spannung**, die Spannungen
sparen, du sparst
der **Spargel**
die **Sparkasse**, die Sparkassen
spärlich
sparsam
der **Spaß**, die Späße
spaßig
der **Spaßvogel**, die Spaßvögel
spät

Spiegel

der **Spaten**
spätestens
der **Spatz**, die Spatzen
spazieren, du spazierst
spazieren gehen,
du gehst spazieren,
er ging spazieren,
sie ist spazieren gegangen
der **Spaziergang**, die Spaziergänge

► Spe

der **Specht**, die Spechte
der **Speck**
der **Speer**, die Speere
die **Speiche**, die Speichen
der **Speichel**
der **Speicher**
speichern, du speicherst
die **Speise**, die Speisen
die **Speisekarte**, die Speisekarten
auch: die Speisenkarte
speisen, du speist

das **Spektakel**
die **Spende**, die Spenden
    spenden, du spendest
    spendieren, du spendierst
das **Sperma**, die Spermen,
    auch: die Spermata
    sperren, du sperrst
der **Sperrmüll**
sich **spezialisieren**,
    du spezialisierst dich
der **Spezialist**, die Spezialisten
die **Spezialistin**, die Spezialistinnen
die **Spezialität**, die Spezialitäten
    speziell

☛ **Spi**

    spicken, du spickst
der **Spickzettel**
der **Spiegel**
sich **spiegeln**, du spiegelst dich
das **Spiel**, die Spiele
    spielen, du spielst
    spielerisch
der **Spielfilm**, die Spielfilme
der **Spielplatz**, die Spielplätze
die **Spielsachen**
das **Spielzeug**
der **Spieß**, die Spieße
    spießig
der **Spinat**
die **Spindel**, die Spindeln
    spindeldürr
die **Spinne**, die Spinnen
der **Spion**, die Spione
die **Spionin**, die Spioninnen
die **Spirale**, die Spiralen
das **Spital**, die Spitäler
    spitz
    spitze

die **Spitze**, die Spitzen
    spitzen, du spitzt
der **Spitzer**
der **Spitzname**, die Spitznamen

☛ **Spl**

der **Splitter**

☛ **Spo**

der **Sport**
der **Sportler**
die **Sportlerin**, die Sportlerinnen
    sportlich
der **Sportplatz**, die Sportplätze
der **Sportverein**, die Sportvereine
der **Spot**, die Spots (ein Werbespot)
der **Spott**
    spottbillig
    spotten, du spottest

☛ **Spr**

die **Sprache**, die Sprachen
der **Sprachfehler**
    sprachlos
der **Spray** (sprich: späi),
    auch: das Spray, die Sprays
    sprechen, du sprichst, sie sprach,
    er hat gesprochen
    sprengen, du sprengst
die **Spreu**
das **Sprichwort**, die Sprichwörter
    sprießen, es sprießt, es spross,
    es ist gesprossen
der **Springbrunnen**
    springen, du springst, er sprang,
    sie ist gesprungen
der **Sprit**
die **Spritze**, die Spritzen
    spritzen, du spritzt
der **Spross**, die Sprossen
    (Pflanzenspross)

A B C D E F G H I J K L M N O P Q R **S** T U V W X Y Z

die **Sprosse**, die Sprossen
(Sprossen der Leiter)

der **Spruch**, die Sprüche

der **Sprudel**
sprudeln, es sprudelt
sprühen, du sprühst

der **Sprung**, die Sprünge

das **Sprungbrett**, die Sprungbretter

die **Sprungschanze**,
die Sprungschanzen

das **Sprungtuch**, die Sprungtücher

☞ Spu

die **Spucke**
spucken,
du spuckst (Kirschkerne spucken)

der **Spuk**
spuken, es spukt
(Das Gespenst spukt.)

die **Spukgeschichte**,
die Spukgeschichten

die **Spüle**, die Spülen
spülen, du spülst

die **Spülmaschine**,
die Spülmaschinen

die **Spur**, die Spuren
spüren, du spürst
spurlos

☞ Sta

der **Staat**, die Staaten
staatlich

der **Stab**, die Stäbe

der **Stabhochsprung**
stabil

der **Stachel**, die Stacheln

die **Stachelbeere**, die Stachelbeeren
stachlig, auch: stachelig

das **Stadion**, die Stadien

die **Stadt**, die Städte

die **Stadtbücherei**,
die Stadtbüchereien
städtisch

der **Stadtplan**, die Stadtpläne

die **Staffel**, die Staffeln

die **Staffelei**, die Staffeleien

der **Staffellauf**, die Staffelläufe

der **Stahl**, die Stähle (hart wie Stahl)

der **Stall**, die Ställe (ein Kuhstall)

der **Stamm**, die Stämme

der **Stammbaum**, die Stammbäume
stammeln, du stammelst
stampfen, du stampfst

der **Stand**, die Stände

der **Ständer**

das **Standesamt**, die Standesämter
ständig

die **Stange**, die Stangen

der **Stängel**
stänkern, du stänkerst

der **Stapel**
stapeln, du stapelst
stapfen, du stapfst

der **Star**, die Stare (der Vogel)

der **Star**, die Stars (der Filmstar)
stark, stärker, am stärksten
starr
starren, du starrst

der **Start**, die Starts
starten, du startest

der **Startschuss**, die Startschüsse

die **Station**, die Stationen
statt
stattdessen
stattfinden,
es findet statt, es fand statt,
es hat stattgefunden

die **Statue**, die Statuen

der **Stau**, die Staus, auch: die Staue
der **Staub**
staubig
der **Staubsauger**
die **Staude**, die Stauden
staunen, du staunst

☛ **Ste**

das **Steak** (sprich: stäik), die Steaks
stechen, du stichst, er stach,
sie hat gestochen
die **Stechmücke**, die Stechmücken
der **Steckbrief**, die Steckbriefe
die **Steckdose, die Steckdosen**
stecken, du steckst
der **Stecker**
die **Stecknadel**, die Stecknadeln
der **Steg**, die Stege
stehen, du stehst, sie stand,
er hat gestanden

Statue

die **Stehlampe**, die Stehlampen
stehlen, du stiehlst, er stahl,
sie hat gestohlen
der **Stehplatz**, die Stehplätze
steif
steigen, du steigst, sie stieg,
er ist gestiegen
steigern, du steigerst
die **Steigerung**, die Steigerungen
steil
der **Stein**, die Steine
der **Steinbruch**, die Steinbrüche
steinig
die **Steinzeit**
die **Stelle**, die Stellen
stellen, du stellst
der **Stellvertreter**
die **Stellvertreterin**,
die Stellvertreterinnen
die **Stelze**, die Stelzen
stemmen, du stemmst
der **Stempel**
das **Stempelkissen**
stempeln, du stempelst
die **Steppe**, die Steppen
steppen, du steppst
sterben, du stirbst, er starb,
sie ist gestorben
sterblich
die **Stereoanlage**, die Stereoanlagen
der **Stern**, die Sterne
der **Sternenhimmel**
die **Sternschnuppe**,
die Sternschnuppen
das **Stethoskop**, die Stethoskope
stetig
stets
das **Steuer** (das Steuer des Autos)

die **Steuer**, die Steuern
(Steuern zahlen)

der **Steuermann**, die Steuermänner

das **Steuerrad**, die Steuerräder

steuern, du steuerst

der **Steward** (sprich: stjuart),
die Stewards

die **Stewardess** (sprich: stjuardess),
die Stewardessen

➤ **Sti**

der **Stich**, die Stiche

das **Stichwort**, die Stichwörter

sticken, du stickst

der **Sticker**

stickig

der **Stiefel**

die **Stiefmutter**, die Stiefmütter

der **Stiefvater**, die Stiefväter

der **Stiel**, die Stiele (Besenstiel)

der **Stier**, die Stiere

der **Stift**, die Stifte

der **Stil**, die Stile

still

stillen, sie stillt (das Baby)

der **Stille Ozean**

die **Stimme**, die Stimmen

stimmen, es stimmt

die **Stimmgabel**, die Stimmgabeln

stinken, es stinkt, es stank,
es hat gestunken

stinkfaul

die **Stirn**, auch: die Stirne, die Stirnen

das **Stirnband**, die Stirnbänder

➤ **Sto**

stöbern, du stöberst

der **Stock**, die Stöcke (Holzstock)

der **Stock**, auch: das Stockwerk,
die Stockwerke

stockdunkel

stocken, er stockt

der **Stoff**, die Stoffe

stöhnen, du stöhnst

stolpern, du stolperst

der **Stolz**

stolz

stolzieren, du stolzierst

STOP (auf Verkehrsschildern)

stopfen, du stopfst

die **Stoppel**, die Stoppeln

stoppen, du stoppst

die **Stoppuhr**, die Stoppuhren

der **Stöpsel**

der **Storch**, die Störche

das **Storchennest**, die Storchennester

stören, du störst

der **Störenfried**, die Störenfriede

die **Störung**, die Störungen

die **Story**, die Storys (Geschichte)

der **Stoßdämpfer**

stoßen, du stößt, sie stieß,
er hat gestoßen

stottern, du stotterst

➤ **Str**

die **Strafe**, die Strafen

straff

der **Strafstoß**, die Strafstöße

der **Strafzettel**

der **Strahl**, die Strahlen

strahlen, du strahlst

die **Strähne**, die Strähnen

stramm

strampeln, du strampelst

der **Strand**, die Strände

die **Strapaze**, die Strapazen

die **Straße**, die Straßen

die **Straßenbahn**, die Straßenbahnen

die	**Straßenkreuzung,**		**stricken**, du strickst
	die Straßenkreuzungen	die	**Strickleiter**, die Strickleitern
der	**Straßenverkehr**	das	**Stroh**
die	**Strategie**, die Strategien	der	**Strohhalm**, die Strohhalme
sich	**sträuben**, du sträubst dich	der	**Strolch**, die Strolche
der	**Strauch**, die Sträucher	der	**Strom**, die Ströme
	straucheln, du strauchelst	der	**Stromkreis**, die Stromkreise
der	**Strauß**, die Sträuße	die	**Strömung**, die Strömungen
	(Blumenstrauß)	die	**Strophe**, die Strophen
der	**Strauß**, die Strauße (Vogel)	der	**Strudel**
	strebsam	der	**Strumpf**, die Strümpfe
die	**Strecke**, die Strecken	die	**Strumpfhose**, die Strumpfhosen
sich	**strecken**, du streckst dich		**struppig**

☛ **Stu**

der	**Streetball** (sprich: striitbool)	die	**Stube**, die Stuben
	(Basketball auf der Straße)	das	**Stück**, die Stücke
der	**Streich**, die Streiche	der	**Student**, die Studenten
	streicheln, du streichelst	die	**Studentin**, die Studentinnen
der	**Streichelzoo**, die Streichelzoos		**studieren**, du studierst
	streichen, du streichst, er strich,	das	**Studio**, die Studios
	sie hat gestrichen	das	**Studium**
das	**Streichholz**, die Streichhölzer	die	**Stufe**, die Stufen
	streifen, du streifst	der	**Stuhl**, die Stühle
der	**Streifen**		**stumm**
der	**Streik**, die Streiks		**stumpf**
	streiken, du streikst	die	**Stunde**, die Stunden
der	**Streit**, die Streite	die	**Stundenkilometer**
	streiten, du streitest, sie stritt,		**stundenlang**
	er hat gestritten	das	**Stuntgirl** (sprich: stantgörl),
	streng		die Stuntgirls (beim Film)
der	**Stress**	der	**Stuntman** (sprich: stantmän),
	stressig		die Stuntmen (beim Film)
	streuen, du streust		**stupsen**, du stupst
	streunen, du streunst		**stur**
der	**Streuselkuchen**	der	**Sturm**, die Stürme
der	**Strich**, die Striche		**stürmen**, du stürmst
	stricheln, du strichelst		**stürmisch**
der	**Strichpunkt**, die Strichpunkte	der	**Sturz**, die Stürze
der	**Strick**, die Stricke		

stürzen, du stürzt

der **Sturzhelm**, die Sturzhelme

die **Stute**, die Stuten

stutzen, du stutzt

stützen, du stützt

die **Stütze**, die Stützen

stutzig

➤ Sty

das **Styropor**

➤ Su

das **Subjekt**, die Subjekte

das **Substantiv**, die Substantive

subtrahieren, du subtrahierst

die **Subtraktion**, die Subtraktionen

die **Suche**, die Suchen

suchen, du suchst

die **Sucht**, die Süchte

süchtig

der **Süden**

südlich

der **Südpol**

die **Sülze**, die Sülzen

die **Summe**, die Summen

summen, du summst

der **Sumpf**, die Sümpfe

die **Sünde**, die Sünden

sündigen, du sündigst

super

der **Supermarkt**, die Supermärkte

die **Suppe**, die Suppen

die **Suppennudel**, die Suppennudeln

das **Surfbrett** (sprich: sörfbrett), die Surfbretter

der **Surfer**

die **Surferin**, die Surferinnen

surfen (sprich: sörfen), du surfst

surren, du surrst

süß

Süßes

die **Süßigkeit**, die Süßigkeiten

➤ Sw

das **Sweatshirt** (sprich: swettschört), die Sweatshirts (Pullover)

der **Swimmingpool**, die Swimmingpools

➤ Sy

das **Symbol**, die Symbole

symbolisch

die **Symmetrie**, die Symmetrien

symmetrisch

die **Sympathie**, die Sympathien

sympathisch

die **Synagoge**, die Synagogen (jüdisches Gotteshaus)

das **System**, die Systeme

systematisch

➤ Sz

die **Szene**, die Szenen

Surfer

► **T**

t (Abkürzung für Tonne)

► **Ta**

der **Tabak**

die **Tabelle**, die Tabellen
tabellarisch

das **Tablett**, die Tabletts,
auch: die Tablette
(auf dem Tablett tragen)

die **Tablette**, die Tabletten
(eine Tablette nehmen)

der **Tacho** (Abkürzung für
Tachometer), die Tachos

der **Tadel**
tadeln, du tadelst

die **Tafel**, die Tafeln

der **Tag**, die Tage
tagelang

die **Tagesmutter**, die Tagesmütter

die **Tageszeit**, die Tageszeiten
täglich
tagsüber

der **Takt**, die Takte

die **Taktik**, die Taktiken
taktisch

das **Tal**, die Täler

das **Talent**, die Talente

der **Talisman**, die Talismane

der **Talkmaster** (sprich: tokmaster)

die **Talkmasterin**
(sprich: tokmasterin),
die Talkmasterinnen

die **Talkshow** (sprich: tokschou),
die Talkshows (Fernsehsendung)

das **Tamburin**, die Tamburine

das **Tandem**, die Tandems

der **Tank**, die Tanks
tanken, du tankst

die **Tankstelle**, die Tankstellen

der **Tankwart**, die Tankwarte

die **Tanne**, die Tannen

die **Tante**, die Tanten

der **Tanz**, die Tänze
tanzen, du tanzt

der **Tänzer**

die **Tänzerin**, die Tänzerinnen

die **Tapete**, die Tapeten
tapezieren, du tapezierst
tapfer

die **Tapferkeit**

sich **tarnen**, du tarnst dich

die **Tarnung**, die Tarnungen

die **Tasche**, die Taschen

der **Taschenrechner**

das **Taschentuch**, die Taschentücher

die **Tasse**, die Tassen

die **Tastatur**, die Tastaturen

die **Taste**, die Tasten
tasten, du tastest

die **Tat**, die Taten
tätig

die **Tätigkeit**, die Tätigkeiten

das **Tätigkeitswort**,
die Tätigkeitswörter

die **Tatsache**, die Tatsachen
tatsächlich

das **Tattoo** (sprich: tatuu), die Tattoos
(Tätowierung)

die **Tatze**, die Tatzen

der **Tau** (Morgentau)

A B C D E F G H I J K L M N O P Q R S **T** U V W X Y Z

das **Tau**, die Taue (dickes Seil)

taub

die **Taube**, die Tauben

tauchen, du tauchst

der **Taucher**

die **Taucherin**, die Taucherinnen

der **Taucheranzug**,
die Taucheranzüge

tauen, es taut

die **Taufe**, die Taufen

taufen, du wirst getauft

taugen, das taugt etwas

tauschen, du tauschst

täuschen, du täuschst

tausend

das **Tauwetter**

das **Tauziehen**

das **Taxi**, die Taxis

➤ Te

das **Team** (sprich: tiim), die Teams
(Arbeitsgruppe, Mannschaft)

die **Technik**, die Techniken

der **Techniker**

die **Technikerin**, die Technikerinnen

der **Techno** (sprich: tekno),
auch: das Techno (Musikrichtung)

der **Teddy**, die Teddys

der **Tee**, die Tees

der **Teenager** (sprich: tiinäidscher)
(Jugendlicher)

der **Teer**

der **Teich**, die Teiche (der Fischteich)

der **Teig**, die Teige (der Brotteig)

der **Teil**, auch: das Teil, die Teile

teilen, du teilst

der **Teilnehmer**

die **Teilnehmerin**,
die Teilnehmerinnen

teilweise

das **Telefax**, die Telefaxe

das **Telefon**, die Telefone

telefonieren, du telefonierst

das **Telegramm**, die Telegramme

der **Teller**

der **Tempel**

das **Temperament**, die Temperamente

die **Temperatur**, die Temperaturen

das **Tempo**, die Tempos,
auch: die Tempi

das **Tennis**

der **Teppich**, die Teppiche

der **Termin**, die Termine

das **Terrarium**, die Terrarien

die **Terrasse**, die Terrassen

der **Terror**

der **Test**, die Tests, auch: die Teste

das **Testament**, die Testamente

testen, du testest

teuer

der **Teufel**

teuflisch

der **Text**, die Texte

➤ Th

das **Theater**

die **Theke**, die Theken

das **Thema**, die Themen,
auch: die Themata

die **Theorie**, die Theorien

theoretisch

die **Therapie**, die Therapien

das **Thermometer**

der **Thermostat**, die Thermostate

der **Thron**, die Throne

der **Thunfisch**, auch: der Tunfisch,
die Thunfische

Thüringen

► Ti

der **Tick**, die Ticks

ticken, es tickt

das **Ticket**, die Tickets

tief

tiefgekühlt

das **Tier**, die Tiere

der **Tierarzt**, die Tierärzte

die **Tierärztin**, die Tierärztinnen

der **Tiger**

die **Tinte**, die Tinten

der **Tintenfisch**, die Tintenfische

der **Tipp**, die Tipps

tippen, du tippst

der **Tippfehler**

tipptopp

der **Tisch**, die Tische

die **Tischdecke**, die Tischdecken

das **Tischtennis**

der **Titel**

Tourist

► To

der **Toast** (sprich: toust), die Toasts, auch: die Toaste (Geröstetes Brot)

toben, du tobst

die **Tochter**, die Töchter

der **Tod**, die Tode

tödlich

die **Toilette**, die Toiletten

tolerant

toll

der **Tollpatsch**, die Tollpatsche

die **Tollwut** (Krankheit)

die **Tomate**, die Tomaten

die **Tombola**, die Tombolas

der **Ton** (Lehmart)

der **Ton**, die Töne (Laut, auch: Farbton)

tönen, es tönt

die **Tonne**, die Tonnen

der **Topf**, die Töpfe

topfit

der **Tor**, die Toren (der Narr im Märchen)

das **Tor**, die Tore (ein Tor schießen)

der **Torf**

torkeln, du torkelst

der **Tornado**, die Tornados

die **Torte**, die Torten

der **Torwart**, die Torwarte

tot

total

totenblass

totenstill

sich **totlachen**, du lachst dich tot

totsicher

die **Tour**, die Touren

der **Tourist**, die Touristen

die **Touristin**, die Touristinnen

Tr

der **Trab**

    traben, du trabst

die **Tracht**, die Trachten

die **Tradition**, die Traditionen

    träg, auch: träge

die **Trage**, die Tragen

    tragen, du trägst, er trug,
    sie hat getragen

    tragisch

der **Trainer** (sprich: träner)

die **Trainerin** (sprich: tränerin),
    die Trainerinnen

    trainieren (sprich: träniiren),
    du trainierst

das **Training** (sprich: träning),
    die Trainings

der **Traktor**, die Traktoren,
    auch: der Trecker

die **Tram**, die Trams
    auch: die Trambahn,
    die Trambahnen

    trampeln, du trampelst

    trampen (sprich: trämpen),
    du trampst (per Anhalter fahren)

das **Trampolin**, die Trampoline

die **Träne**, die Tränen

    transportieren, du transportierst

die **Traube**, die Trauben

der **Traubenzucker**

sich **trauen**, du traust dich

die **Trauer**

    trauern, du trauerst

der **Traum**, die Träume

    träumen, du träumst

    traurig

die **Traurigkeit**

die **Trauung**, die Trauungen

der **Trecker**, auch: der Traktor,
    die Traktoren

    treffen, du triffst, sie traf,
    er hat getroffen

der **Treffer**

der **Treffpunkt**, die Treffpunkte

    treiben, du treibst, er trieb,
    sie hat getrieben

    trennen, du trennst

die **Treppe**, die Treppen

das **Treppengeländer**

der **Tresor**, die Tresore

    treten, du trittst, sie trat,
    er hat getreten

der **Tretroller**

    treu

die **Treue**

der **Triangel**, auch: die Triangel

die **Tribüne**, die Tribünen

der **Trichter**

der **Trick**, die Tricks

    tricksen, du trickst

der **Trieb**, die Triebe

    triefen, du triefst

das **Trikot**, die Trikots

    trillern, du trillerst

der **Trimm-dich-Pfad**,
    die Trimm-dich-Pfade

    trinken, du trinkst, sie trank,
    er hat getrunken

das **Trinkwasser**

    trippeln, du trippelst

    trist

der **Tritt**, die Tritte

der **Triumph**, die Triumphe

    triumphieren, du triumphierst

    trocken

    trocknen, du trocknest

	trödeln, du trödelst
der	**Trog**, die Tröge
die	**Trommel**, die Trommeln
	trommeln, du trommelst
die	**Trompete**, die Trompeten
	tröpfeln, es tröpfelt
	tropfen, es tropft
der	**Tropfen**
	tropfnass
die	**Tropfsteinhöhle**, die Tropfsteinhöhlen
der	**Trost**
	trösten, du tröstest
	trostlos
der	**Trottel**
	trotten, du trottest
der	**Trotz**
	trotz
	trotzdem
	trüb, auch: trübe
der	**Trubel**
die	**Truhe**, die Truhen
die	**Trümmer**
der	**Trumpf**, die Trümpfe
die	**Truppe**, die Truppen
der	**Truthahn**, die Truthähne

➤ **Ts**

	tschau!, auch: ciao!
die	**Tschechische Republik**
	tschüs, auch: tschüss
das	**T-Shirt** (sprich: tiischört), die T-Shirts

➤ **Tu**

die	**Tube**, die Tuben
das	**Tuch**, die Tücher
	tüchtig
die	**Tücke**, die Tücken
	tückisch

die	**Tüftelei**, die Tüfteleien
	tüfteln, du tüftelst
die	**Tulpe**, die Tulpen
sich	**tummeln**, du tummelst dich
der	**Tumor**, die Tumoren
der	**Tümpel**
der	**Tumult**, die Tumulte
	tun, du tust, er tat, sie hat getan
der	**Tuner** (sprich: tjuner) (Kanalwähler)
der	**Tunfisch**, auch: der Thunfisch, die Tunfische
	tunken, du tunkst
der	**Tunnel**, die Tunnel, auch: die Tunnels
die	**Tür**, die Türen
der	**Turban**, die Turbane
	turbulent
der	**Türke**, die Türken
die	**Türkei**
die	**Türkin**, die Türkinnen
	türkis
	türkisch
die	**Türklinke**, die Türklinken
der	**Turm**, die Türme
	turnen, du turnst
der	**Turner**
die	**Turnerin**, die Turnerinnen
das	**Turnier**, die Turniere
der	**Turnschuh**, die Turnschuhe
das	**Turnzeug**
die	**Tusche**, die Tuschen
	tuscheln, du tuschelst
die	**Tüte**, die Tüten
	tuten, du tutest

➤ **Ty**

der	**Typ**, die Typen
	typisch

A B C D E F G H I J K L M N O P Q R S **T** U V W X Y Z

Ub

die **U-Bahn**, die U-Bahnen
übel
die **Übelkeit**
üben, du übst
über
überall
der **Überblick**
überdurchschnittlich
übereinander
überfahren, du überfährst,
er überfuhr, sie hat überfahren
der **Überfall**, die Überfälle
überfallen, du überfällst,
sie überfiel, er hat überfallen
überflüssig
übergeben, du übergibst,
er übergab, sie hat übergeben
übergeschnappt
das **Übergewicht**
überhaupt
überheblich
überholen, du überholst
überlegen, du überlegst
überlisten, du überlistest
übermorgen
übermüdet
übermütig
übernachten, du übernachtest
übernehmen,
du übernimmst, sie übernahm,
er hat übernommen

überprüfen, du überprüfst
überqueren, du überquerst
überraschen, du überraschst
überrascht
die **Überraschung**,
die Überraschungen
überreden, du überredest
die **Überschrift**, die Überschriften
der **Überschwang**
überschwänglich
die **Überschwemmung**,
die Überschwemmungen
übersehen, du übersiehst,
sie übersah, er hat übersehen
übersetzen,
du übersetzt einen Text
die **Übersetzung**, die Übersetzungen
übersichtlich
die **Überstunde**, die Überstunden
übertreiben, du übertreibst,
sie übertrieb, er hat übertrieben
die **Übertreibung**, die Übertreibungen
übertreten, du übertrittst,
er übertrat, sie hat übertreten
überwinden, du überwindest,
sie überwand, er hat überwunden
die **Überwindung**
überzeugen, du überzeugst
die **Überzeugung**,
die Überzeugungen
üblich
das **U-Boot**, die U-Boote
übrig
übrigens
die **Übung**, die Übungen

Uf

das **Ufer**
das **Ufo**, die Ufos

Uh

die	**Uhr**, die Uhren
die	**Uhrzeit**, die Uhrzeiten
der	**Uhu**, die Uhus

Ul

ulkig

Uhr

Um

	um
	umarmen, du umarmst
	umblättern, du blätterst um
	umdrehen, du drehst dich um
	umfallen, du fällst um,
	sie fiel um, er ist umgefallen
der	**Umfang**, die Umfänge
	umfangreich
die	**Umfrage**, die Umfragen
die	**Umgebung**, die Umgebungen
	umgekehrt
der	**Umhang**, die Umhänge
	umher
	umkehren, du kehrst um
	umkippen, du kippst um

der	**Umlaut**, die Umlaute
die	**Umleitung**, die Umleitungen
der	**Umriss**, die Umrisse
der	**Umschlag**, die Umschläge
	umschulen, du schulst um
	umso
	umsonst
	umständlich
	umtauschen, du tauschst um
der	**Umweg**, die Umwege
die	**Umwelt**
	umweltfreundlich
der	**Umweltschutz**
	umziehen, du ziehst um,
	sie zog um, er ist umgezogen
der	**Umzug**, die Umzüge

Un

	unabhängig
	unangenehm
	unauffällig
	unaufmerksam
	unausstehlich
	unbarmherzig
	unbedingt
	unbekannt
	unbeliebt
	unbequem
	und
	undankbar
	undeutlich
	unendlich
	unentwegt
	unerwartet
	unfähig
	unfair (sprich: unfär) (ungerecht)
der	**Unfall**, die Unfälle
der	**Unfug**
	ungarisch

A B C D E F G H I J K L M N O P Q R S T **U** V W X Y Z

Ungarn
ungeduldig
ungefähr
das **Ungeheuer**
ungerade
ungeschickt
ungestüm
ungesund
ungewiss
ungewöhnlich
das **Ungeziefer**
ungezogen
unglaublich
das **Unglück**, die Unglücksfälle
unglücklich
unheimlich
die **Uniform**, die Uniformen
die **Universität**, die Universitäten
unklar
unkonzentriert
das **Unkraut**
unlogisch
unmöglich
das **Unrecht**
unruhig
uns, unser, unsere
unschuldig
unsicher
der **Unsinn**
unten
unter
die **Unterbrechung**,
die Unterbrechungen
unterdessen
untereinander
untergehen,
du gehst unter, er ging unter,
sie ist untergegangen

sich **unterhalten**, du unterhältst dich,
sie unterhielt sich,
er hat sich unterhalten
der **Unterkiefer**
der **Unterricht**
unterrichten, du unterrichtest
unterscheiden,
du unterscheidest, er unterschied,
sie hat unterschieden
der **Unterschied**, die Unterschiede
die **Unterschrift**, die Unterschriften
untersuchen, du untersuchst
die **Unterwäsche**
unterwegs
unverschämt
unwesentlich
das **Unwetter**
unzählig
Ur
uralt
der **Urenkel**
die **Urenkelin**, die Urenkelinnen
die **Urgroßeltern**
der **Urin**
die **Urkunde**, die Urkunden
der **Urlaub**, die Urlaube
die **Ursache**, die Ursachen
der **Ursprung**, die Ursprünge
das **Urteil**, die Urteile
urteilen, du urteilst
der **Urwald**, die Urwälder
die **Urzeit**, die Urzeiten
Us
USA (Abkürzung für
United States of America)
Uv
die **UV-Strahlen**
(UV = ultraviolett)

➥ Va

vage

die	**Vagina**, die Vaginen
der	**Vampir**, die Vampire
die	**Vanille**
die	**Vase**, die Vasen
der	**Vater**, die Väter
das	**Vaterunser**

➥ Ve

der	**Vegetarier**
die	**Vegetarierin**, die Vegetarierinnen
	vegetarisch
das	**Veilchen**
die	**Vene**, die Venen
das	**Ventil**, die Ventile
der	**Ventilator**, die Ventilatoren

➥ Ver

sich	**verabreden**, du verabredest dich
die	**Verabredung**, die Verabredungen
sich	**verabschieden**, du verabschiedest dich
	verachten, du verachtest
die	**Verachtung**
die	**Veranda**, die Veranden
	veranstalten, du veranstaltest
die	**Veranstaltung**, die Veranstaltungen
	verantwortlich
das	**Verb**, die Verben
der	**Verband**, die Verbände
der	**Verbandskasten**, die Verbandskästen

verbergen, du verbirgst, er verbarg, sie hat verborgen

verbessern, du verbesserst

verbieten, du verbietest, sie verbot, er hat verboten

verbinden, du verbindest, er verband, sie hat verbunden

verblüfft

das	**Verbot**, die Verbote
	verbrauchen, du verbrauchst
	verbraucht
das	**Verbrechen**

verbrennen, es verbrennt, es verbrannte, es ist verbrannt

der	**Verdacht**
	verdächtig
	verdächtigen, du verdächtigst
	verdammt
	verdauen, du verdaust
die	**Verdauung**

verderben, es verdirbt, es verdarb, es ist verdorben, sie hat verdorben

	verdienen, du verdienst
der	**Verdienst**, die Verdienste
	verdoppeln, du verdoppelst
	verdorben
	verdorrt
	verdunkeln, du verdunkelst
	verdunsten, es verdunstet
die	**Verdunstung**, die Verdunstungen
	verdutzt
der	**Verein**, die Vereine
	vereinbaren, du vereinbarst
die	**Vereinbarung**, die Vereinbarungen
	verflixt
	verfolgen, du verfolgst

die **Verfolgung**, die Verfolgungen
die **Vergangenheit**
vergeben, du vergibst, sie vergab, er hat vergeben
vergebens
vergeblich
vergessen, du vergisst, er vergaß, sie hat vergessen
vergesslich
vergeuden, du vergeudest
das **Vergissmeinnicht**
vergleichen, du vergleichst, sie verglich, er hat verglichen
das **Vergnügen**
vergnügt
die **Vergrößerung**, die Vergrößerungen
verhaften, er wird verhaftet
sich **verhalten**, du verhältst dich, sie verhielt sich, er hat sich verhalten
das **Verhältniswort**, die Verhältniswörter
verheimlichen, du verheimlichst
verheiratet
verhext
verhindern, du verhinderst
verhungern, du verhungerst
sich **verirren**, du verirrst dich
verkaufen, du verkaufst
der **Verkäufer**
die **Verkäuferin**, die Verkäuferinnen
der **Verkehr**
das **Verkehrschaos**
das **Verkehrsschild**, die Verkehrsschilder
der **Verkehrsunfall**, die Verkehrsunfälle

das **Verkehrszeichen**
verkehrt
sich **verkleiden**, du verkleidest dich
verkrampft
der **Verlag**, die Verlage
verlangen, du verlangst
verlassen, du verlässt, sie verließ, er hat verlassen
sich **verlaufen**, du verläufst dich, er verlief sich, sie hat sich verlaufen
die **Verlegenheit**, die Verlegenheiten
verlegen
verleihen, du verleihst, sie verlieh, er hat verliehen
verletzen, du verletzt
sich **verletzen**, du verletzt dich
verletzt
die **Verletzung**, die Verletzungen
sich **verlieben**, du verliebst dich
verliebt
verlieren, du verlierst, er verlor, sie hat verloren
das **Verlies**, die Verliese
die **Verlobung**, die Verlobungen
sich **verloben**, du hast dich verlobt
verloren
die **Verlosung**, die Verlosungen
der **Verlust**, die Verluste
die **Vermehrung**
vermeiden, du vermeidest, sie vermied, er hat vermieden
vermieten, du vermietest
vermissen, du vermisst
das **Vermögen**
vermuten, du vermutest
vermutlich
die **Vermutung**, die Vermutungen

vernachlässigen,
du vernachlässigst
vernünftig
verpacken, du verpackst
die **Verpackung**,
die Verpackungen
verpassen, du verpasst
verpetzen, du verpetzt
verpflegen, du verpflegst
die **Verpflichtung**, die Verpflichtungen
der **Verputz**
der **Verrat**
verraten, du verrätst, er verriet,
sie hat verraten
sich **verrechnen**, du verrechnest dich
verreisen, du verreist
verrenken, du verrenkst
verrückt
der **Vers**, die Verse (Verse im Gedicht)
versagen, du versagst
die **Versammlung**,
die Versammlungen
der **Versand**
versäumen, du versäumst
das **Versäumnis**, die Versäumnisse
verschenken, du verschenkst
verscheuchen, du verscheuchst
verschieden
verschlafen, du verschläfst,
sie verschlief, er hat verschlafen
verschließen,
du verschließt, er verschloss
der **Verschluss**, die Verschlüsse
verschollen
verschwenden,
du verschwendest
die **Verschwendung**
verschwiegen

verschwinden,
du verschwindest,
sie verschwand,
er ist verschwunden
versehentlich
die **Versetzung**, die Versetzungen
die **Versicherung**, die Versicherungen
sich **versöhnen**, du versöhnst dich
versorgen, du versorgst
verspätet
die **Verspätung**, die Verspätungen
versprechen, du versprichst,
er versprach, sie hat versprochen
der **Verstand**
verständlich
das **Verständnis**
verstauchen, du verstauchst
verstaucht
das **Versteck**, die Verstecke
verstecken, du versteckst
verstehen, du verstehst,
sie verstand, er hat verstanden
versuchen, du versuchst
vertauschen, du vertauschst
verteidigen, du verteidigst
die **Verteidigung**
der **Vertrag**, die Verträge
sich **vertragen**, du verträgst dich,
er vertrug sich,
sie hat sich vertragen
vertrauen, du vertraust
vertraulich
verträumt
der **Vertreter**
die **Vertreterin**, die Vertreterinnen
verursachen, du verursachst
verurteilen, du verurteilst
vervielfachen, du vervielfachst

A
B
C
D
E
F
G
H
I
J
K
L
M
N
O
P
Q
R
S
T
U
V
W
X
Y
Z

sich **verwandeln**, du verwandelst dich
die **Verwandlung**, die Verwandlungen
verwandt
der **Verwandte**, die Verwandten
die **Verwandte**, die Verwandten
die **Verwandtschaft**
verwechseln, du verwechselst
der **Verweis**, die Verweise
verwelken, sie verwelkt
verwirrt
verwöhnen, du verwöhnst
verwundert
verzaubern, du verzauberst
verzaubert
verzehren, du verzehrst
das **Verzeichnis**, die Verzeichnisse
verzeihen, du verzeihst,
er verzieh, sie hat verziehen
verzichten, du verzichtest
verzieren, du verzierst
verziert
verzweifeln, du verzweifelst
die **Verzweiflung**, die Verzweiflungen
verzwickt
der **Vetter**, die Vettern

➤ Vi

das **Video**, die Videos
der **Videoclip**, die Videoclips
der **Videorekorder**,
auch: der Videorecorder
die **Videothek**, die Videotheken
das **Vieh**
viel, mehr, am meisten
vielfach
vielleicht
vier, viermal
das **Viereck**, die Vierecke
das **Viertel**

vierzehn
vierzig
die **Villa**, die Villen
violett
die **Violine**, die Violinen
die **Viper**, die Vipern
der **Virus**, auch: das Virus, die Viren
das **Visum**, die Visa, auch: die Visen
vital
das **Vitamin**, die Vitamine

➤ Vo

der **Vogel**, die Vögel
die **Vokabel**, die Vokabeln
der **Vokal**, die Vokale
das **Volk**, die Völker
voll, voller, am vollsten
das **Vollbad**, die Vollbäder
die **Vollbremsung**,
die Vollbremsungen
der **Volleyball**, die Volleybälle
völlig

Vogel

vollkommen
das **Vollkornbrot**, die Vollkornbrote
das **Vollkornbrötchen**
vollständig
voltigieren (sprich: woltischiiren),
du voltigierst (auf dem Pferd turnen)
vom (von dem)
von
voneinander
➤ **Vor**
vor
voran
voraus
voraussichtlich
vorbei
vorbeikommen,
du kommst vorbei, er kam vorbei,
sie ist vorbeigekommen
vorbereiten, du bereitest vor
das **Vorbild**, die Vorbilder
voreinander
vorerst
der **Vorfahr**, auch: der Vorfahre,
die Vorfahren
die **Vorfahrin**, die Vorfahrinnen
die **Vorfahrt**
der **Vorfall**, die Vorfälle
vorgestern
vorhanden
der **Vorhang**, die Vorhänge
vorher
vorhersagen, du sagst vorher
vorhin
vorige, voriger
vorkommen, es kommt vor,
es kam vor, es ist vorgekommen
vorläufig
vorlaut

vorlesen, du liest vor, sie las vor,
er hat vorgelesen
vormachen, du machst vor
der **Vormittag**, die Vormittage
vormittags
vorn, auch: vorne
der **Vorname**, die Vornamen
vornehm
sich **vornehmen,** du nimmst dir vor,
er nahm sich vor,
sie hat sich vorgenommen
der **Vorort**, die Vororte
der **Vorrat**, die Vorräte
vorsagen, du sagst vor
der **Vorsatz**, die Vorsätze
der **Vorschlag**, die Vorschläge
vorschlagen,
du schlägst vor, sie schlug vor,
er hat vorgeschlagen
die **Vorschrift**, die Vorschriften
die **Vorsicht**
vorsichtig
die **Vorsilbe**, die Vorsilben
der **Vorsprung**, die Vorsprünge
der **Vorstand**, die Vorstände
vorstellen, du stellst vor
die **Vorstellung**, die Vorstellungen
der **Vorteil**, die Vorteile
der **Vortrag**, die Vorträge
vorüber
das **Vorurteil**, die Vorurteile
die **Vorwahl**, die Vorwahlen
vorwärts
vorwiegend
der **Vorwurf**, die Vorwürfe
der **Vorzug**, die Vorzüge
➤ **Vu**
der **Vulkan**, die Vulkane

Wa

die **Waage**, die Waagen
waagrecht, auch: waagerecht
wabbelig
die **Wabe**, die Waben
wach
wachen, du wachst
das **Wachs**
wachsam
die **Wachsamkeit**
wachsen, du wächst, er wuchs,
sie ist gewachsen
der **Wachsmalstift**,
die Wachsmalstifte
das **Wachstum**
wacklig, auch: wackelig
wackeln, du wackelst
der **Wackelpudding**,
die Wackelpuddinge,
auch: die Wackelpuddings
die **Wade**, die Waden
der **Wadenkrampf**,
die Wadenkrämpfe
der **Wadenmuskel**,
die Wadenmuskeln
die **Waffe**, die Waffen
die **Waffel**, die Waffeln
das **Waffeleisen**
wagen, du wagst
der **Wagen**
der **Waggon**, auch: der Wagon,
die Waggons

waghalsig
das **Wagnis**
die **Wahl**, die Wahlen
(Klassensprecherwahl)
wählen, du wählst
der **Wahnsinn**
wahnsinnig
wahr (Die Geschichte ist wahr.)
während
die **Wahrheit**, die Wahrheiten
wahrnehmen, du nimmst wahr,
er nahm wahr,
sie hat wahrgenommen
wahrscheinlich
die **Währung**, die Währungen
das **Wahrzeichen**
die **Waise**, die Waisen
der **Wal**, die Wale
(Der Wal ist ein Säugetier.)
der **Wald**, die Wälder
die **Waldlichtung**, die Waldlichtungen
das **Waldsterben**
der **Walkman** (sprich: wokmän),
die Walkmans, auch: die Walkmen
(tragbarer Rekorder mit Kopfhörer)
die **Walnuss**, die Walnüsse
das **Walross**, die Walrosse
die **Walze**, die Walzen
walzen, du walzt
wälzen, du wälzt
die **Wand**, die Wände
sich **wandeln**, du wandelst dich
der **Wanderer**
wandern, du wanderst
die **Wanderung**, die Wanderungen
die **Wange**, die Wangen
wanken, du wankst
wann

die	**Wanne**, die Wannen
die	**Wanze**, die Wanzen
das	**Wappen**
ich	**war** – sein (Ich war froh.)
die	**Ware**, die Waren
ich	**wäre** – sein
	warm, wärmer, am wärmsten
die	**Wärme**
das	**Warndreieck**, die Warndreiecke
	warnen, du warnst
die	**Warnung**, die Warnungen
	warten, du wartest
der	**Wärter**
die	**Wärterin**, die Wärterinnen
das	**Wartezimmer**
	warum
die	**Warze**, die Warzen
	was
die	**Wäsche**
	waschen, du wäschst, sie wusch, er hat gewaschen
der	**Waschlappen**
die	**Waschmaschine**, die Waschmaschinen
das	**Wasser**
der	**Wasserfall**, die Wasserfälle
der	**Wasserhahn**, die Wasserhähne
die	**Wasserleitung**, die Wasserleitungen
der	**Wasserrohrbruch**, die Wasserrohrbrüche
die	**Wasserschnecke**, die Wasserschnecken
	waten, du watest
	watscheln, du watschelst
das	**Watt**
die	**Watte**
das	**Wattenmeer**

➥ Wc

das	**WC**, die WCs (Wasserklosett)

➥ We

	weben, du webst
das	**Wechselgeld**, die Wechselgelder
	wechseln, du wechselst
	wecken, du weckst
der	**Wecker**
	wedeln, du wedelst
	weder
	weg
der	**Weg**, die Wege
	wegen
	wegfahren, du fährst weg, sie fuhr weg, er ist weggefahren
	weggehen, du gehst weg, er ging weg, sie ist weggegangen
	weglaufen, du läufst weg, sie lief weg, er ist weggelaufen
	wegnehmen, du nimmst weg, er nahm weg, sie hat weggenommen
der	**Wegweiser**
	wegwerfen, du wirfst weg, sie warf weg, er hat weggeworfen
	weh (es tut weh)
	wehen, er weht
der	**Wehrdienst**
sich	**wehren**, du wehrst dich
	wehtun, es tut weh, es tat weh
	weiblich
	weich
die	**Weiche**, die Weichen
	weichen, du weichst, er wich, sie ist gewichen
die	**Weide**, die Weiden
sich	**weigern**, du weigerst dich

A B C D E F G H I J K L M N O P Q R S T U V W X Y Z

	weihen
der	**Weiher**
	Weihnachten
der	**Weihnachtsbaum**,
	die Weihnachtsbäume
der	**Weihnachtsmann**,
	die Weihnachtsmänner
der	**Weihrauch**
das	**Weihwasser**
	weil
die	**Weile**
der	**Wein**, die Weine
	weinen, du weinst
die	**Weinlese**, die Weinlesen
die	**Weintraube**, die Weintrauben
	weise (klug und weise)
die	**Weisheit**, die Weisheiten
	weiß (die Farbe)
	weit
	weiter
	weiterfahren, du fährst weiter,
	sie fuhr weiter,
	er ist weitergefahren
	weitergehen, du gehst
	weiter, er ging weiter,
	sie ist weitergegangen
	weitersagen, du sagst weiter
der	**Weitsprung**
der	**Weizen**
das	**Weizenmehl**
	welch, welche, welcher, welches
	welk
die	**Welle**, die Wellen
der	**Wellensittich**, die Wellensittiche
der	**Welpe**, die Welpen
die	**Welt**, die Welten
das	**Weltall**
der	**Weltmeister**

die	**Weltmeisterin**,
	die Weltmeisterinnen
die	**Weltmeisterschaft**,
	die Weltmeisterschaften
der	**Weltraum**
	wem
	wen
die	**Wende**, die Wenden
	wenden, du wendest
	wenig
	wenigstens
	wenn
	wer, wem, wen
	werben, du wirbst, sie warb,
	er hat geworben
die	**Werbung**, die Werbungen
	werden, du wirst, er wurde,
	sie ist geworden
	werfen, du wirfst, sie warf,
	er hat geworfen
die	**Werft**, die Werften
das	**Werk**, die Werke
die	**Werkstatt**, die Werkstätten
der	**Werktag**, die Werktage
	werktags
das	**Werkzeug**, die Werkzeuge
die	**Werkzeugfabrik**,
	die Werkzeugfabriken
	wert
der	**Wert**, die Werte
der	**Wertstoff**, die Wertstoffe
	wertvoll
	wesentlich
die	**Weser**
	weshalb
die	**Wespe**, die Wespen
	wessen
die	**Weste**, die Westen

Wikingerschiff

der	**Westen**
der	**Western**
	westfälisch
	westlich
die	**Wette**, die Wetten
	wetten, du wettest
das	**Wetter**
der	**Wetterbericht**, die Wetterberichte
die	**Wetterstation**, die Wetterstationen
die	**Wettervorhersage**,
	die Wettervorhersagen
der	**Wettkampf**, die Wettkämpfe
das	**Wettrennen**
	wetzen, du wetzt

➤ **Wi**

der	**Wicht**, die Wichte
	wichtig
	wickeln, du wickelst
der	**Widder**
	wider (gegen)
	widerlich
die	**Widerrede**, die Widerreden

	widersprechen,
	du widersprichst, sie widersprach,
	er hat widersprochen
	wie
	wieder (noch mal)
	wiederholen, du wiederholst
auf	**Wiedersehen**
die	**Wiederverwertung**,
	die Wiederverwertung
die	**Wiege**, die Wiegen
	wiegen, du wiegst, er wog,
	sie hat gewogen
	wiehern, es wiehert
die	**Wiese**, die Wiesen
	wieso
	wie viel
	wie weit
der	**Wikinger**
das	**Wikingerschiff**,
	die Wikingerschiffe
das	**Wild**
	wild

A B C D E F G H I J K L M N O P Q R S T U V **W** X Y Z

das	**Wildgehege**
die	**Wildnis**
das	**Wildschwein**, die Wildschweine
der	**Wille**
	willkommen
die	**Willkür**
	willkürlich
	wimmeln, es wimmelt
	wimmern, du wimmerst
der	**Wimpel**
die	**Wimper**, die Wimpern
der	**Wind**, die Winde
die	**Windmühle**, die Windmühlen
die	**Windrichtung**, die Windrichtungen
	windstill
die	**Windstärke**, die Windstärken
die	**Windel**, die Windeln
die	**Windpocken**
die	**Windschutzscheibe**, die Windschutzscheiben
die	**Windstärke**, die Windstärken
	windstill
der	**Winkel**
	winken, du winkst
	winseln, du winselst
der	**Winter**
	winterlich
der	**Winterschlaf**
der	**Wintersport**
der	**Winzer**
die	**Winzerin**, die Winzerinnen
	winzig
der	**Wipfel**
die	**Wippe**, die Wippen
	wippen, du wippst
	wir
der	**Wirbel**
die	**Wirbelsäule**, die Wirbelsäulen

	wirbeln, du wirbelst
der	**Wirbelsturm**, die Wirbelstürme
es	**wird** – werden
	wirken, es wirkt
	wirklich
die	**Wirklichkeit**
	wirr
der	**Wirrwarr**
der	**Wirsing**, die Wirsings
du	**wirst** – werden
der	**Wirt**, die Wirte
die	**Wirtin**, die Wirtinnen
die	**Wirtschaft**, die Wirtschaften
das	**Wirtshaus**, die Wirtshäuser
	wischen, du wischst
	wispern, du wisperst
	wissen, du weißt, sie wusste, er hat gewusst
	wittern, er wittert
die	**Witterung**, die Witterungen
die	**Witwe**, die Witwen
der	**Witwer**
der	**Witz**, die Witze
der	**Witzbold**, die Witzbolde
	witzig
	Wo
	wo
	woanders
	wobei
die	**Woche**, die Wochen
	wochenlang
	wöchentlich
	wofür
	woher
	wohin
	wohl
	wohlhabend
	wohnen, du wohnst

wohnlich
der **Wohnort**, die Wohnorte
die **Wohnung**, die Wohnungen
der **Wohnwagen**
das **Wohnzimmer**
der **Wolf**, die Wölfe
die **Wolke**, die Wolken
wolkig
die **Wolle**, die Wollen
wollen, du willst, sie wollte,
er hat gewollt
womit
woraus
worin
das **Wort**, die Wörter, auch: die Worte
das **Wörterbuch**, die Wörterbücher
die **Wortfamilie**, die Wortfamilien
wörtlich
worüber
wozu

Wolf

➤ **Wr**
das **Wrack**, die Wracks
wringen, du wringst, sie wrang,
er hat gewrungen
➤ **Wu**
der **Wuchs**
die **Wucht**
wuchtig
wühlen, du wühlst
die **Wühlmaus**, die Wühlmäuse
wund
die **Wunde**, die Wunden
das **Wunder**
wunderbar
die **Wunderkerze**, die Wunderkerzen
sich **wundern**, du wunderst dich
wunderschön
der **Wunsch**, die Wünsche
wünschen, du wünschst
der **Wunschzettel**
er wurde – werden
er würde – werden
die **Würde**
würdigen, du würdigst
der **Wurf**, die Würfe
der **Würfel**
würfeln, du würfelst
würgen, du würgst
der **Wurm**, die Würmer
die **Wurst**, die Würste
das **Würstchen**
die **Wurzel**, die Wurzeln
würzen, du würzt
wuschelig, auch: wuschlig
wuseln, du wuselst
die **Wüste**, die Wüsten
die **Wut**
wütend

A
B
C
D
E
F
G
H
I
J
K
L
M
N
O
P
Q
R
S
T
U
V
W
X
Y
Z

👉 **X-b**

die **X-Beine**

x-beinig, auch: X-beinig

x-beliebig

👉 **X-f**

x-fach

👉 **X-m**

x-mal

👉 **Xy**

das **Xylophon**,

auch: das Xylofon, die Xylophone

👉 **Ya**

die **Yacht**, auch: die Jacht,

die Yachten

der **Yak**, auch: der Jak,

die Yaks (Hochgebirgsrind)

👉 **Yo**

das **Yoga**, auch: Joga, auch: der Yoga

das **Yo-Yo**, auch: das Jo-Jo,

die Yo-Yos

👉 **Yp**

das **Ypsilon**, die Ypsilons

Yacht

➤ Za

die	**Zacke**, die Zacken
	zaghaft
	zäh
die	**Zahl**, die Zahlen
	zahlen, du zahlst
	zählen, du zählst
	zahllos
	zahlreich
das	**Zahlwort**, die Zahlwörter
	zahm
der	**Zahn**, die Zähne
der	**Zahnarzt**, die Zahnärzte
die	**Zahnärztin**, die Zahnärztinnen
die	**Zahnbürste**, die Zahnbürsten
die	**Zahnpasta**, auch: die Zahnpaste, die Zahnpasten
das	**Zahnweh**
die	**Zange**, die Zangen
sich	**zanken**, du zankst dich
das	**Zäpfchen**
	zapfen, du zapfst
der	**Zapfen**
die	**Zapfsäule**, die Zapfsäulen
	zappeln, du zappelst
	zapplig, auch: zappelig
	zart
	zärtlich
die	**Zauberei**, die Zaubereien
der	**Zauberer**, auch: der Zaubrer
die	**Zauberin**, die Zauberinnen auch: die Zaubrerin

	zaubern, du zauberst
das	**Zaumzeug**, die Zaumzeuge
der	**Zaun**, die Zäune

➤ Ze

das	**Zebra**, die Zebras
der	**Zebrastreifen**
die	**Zecke**, die Zecken
der	**Zeh**, auch: die Zehe, die Zehen
die	**Zehenspitze**, die Zehenspitzen
	zehn, zehnmal
das	**Zeichen**
der	**Zeichenblock**, die Zeichenblocks, auch: die Zeichenblöcke
	zeichnen, du zeichnest
die	**Zeichnung**, die Zeichnungen
der	**Zeigefinger**
	zeigen, du zeigst
die	**Zeile**, die Zeilen
die	**Zeit**, die Zeiten
	zeitig
die	**Zeitmaschine**, die Zeitmaschinen
die	**Zeitschrift**, die Zeitschriften
die	**Zeitung**, die Zeitungen
der	**Zeitvertreib**, die Zeitvertreibe
das	**Zeitwort**, die Zeitwörter
die	**Zelle**, die Zellen
das	**Zelt**, die Zelte
	zelten, du zeltest
der	**Zement**
	zensieren, du zensierst
die	**Zensur**, die Zensuren
der	**Zentimeter** (cm)
der	**Zentner**
	zentral
die	**Zentrale**, die Zentralen
	zerbrechen, du zerbrichst, sie zerbrach, er hat zerbrochen
	zerfetzt

A B C D E F G H I J K L M N O P Q R S T U V W X Y Z

zerknirscht

zerknüllt

zerkratzt

zerquetschen, du zerquetschst

zerreißen, du zerreißt, er zerriss,
sie hat zerrissen

zerren, du zerrst

die **Zerrung**, die Zerrungen

zerschmettern,
du zerschmetterst

zerstören, du zerstörst

die **Zerstörung**, die Zerstörungen

zerstritten

zerzaust

zetern, du zeterst

der **Zettel**

der **Zeuge**, die Zeugen

die **Zeugin**, die Zeuginnen

das **Zeugnis**, die Zeugnisse

☛ **Zi**

der **Zickzack**

die **Ziege**, die Ziegen

der **Ziegel**

ziehen, du ziehst, sie zog,
er hat gezogen

das **Ziel**, die Ziele

zielen, du zielst

zielstrebig

ziemlich

sich **zieren**, du zierst dich

zierlich

die **Ziffer**, die Ziffern

die **Zigarette**, die Zigaretten

die **Zigarre**, die Zigarren

der **Zigeuner** (Sinti und Roma)

die **Zigeunerin**, die Zigeunerinnen

das **Zimmer**

zimperlich

der **Zimt**

das **Zinn**

der **Zins**, die Zinsen

der **Zipfel**

die **Zipfelmütze**, die Zipfelmützen

zirka, auch: circa

der **Zirkel**

der **Zirkus**, die Zirkusse,
auch: der Circus

zirpen, es zirpt

zischen, du zischst

die **Zitrone**, die Zitronen

zittern, du zitterst

zittrig, auch: zitterig

die **Zitze**, die Zitzen

zivil

die **Zivilisation**, die Zivilisationen

☛ **Zo**

der **Zoff**

zögern, du zögerst

der **Zoll**, die Zölle

der **Zollstock**, die Zollstöcke

die **Zone**, die Zonen

der **Zoo**, die Zoos

der **Zopf**, die Zöpfe

der **Zorn**

zornig

zottlig, auch: zottelig

☛ **Zu**

zu

zuallererst

das **Zubehör**

zubereiten, du bereitest zu

züchten, du züchtest

zucken, du zuckst

der **Zucker**

der **Zuckerzusatz**

die **Zudecke**, die Zudecken

Zitrone

zudecken, du deckst zu

zueinander

zu Ende

zuerst

die **Zufahrt**, die Zufahrten

der **Zufall**, die Zufälle

zufällig

die **Zuflucht**

zufrieden

zufrieren, es friert zu, es fror zu,
es ist zugefroren

der **Zug**, die Züge

die **Zugabe**, die Zugaben

die **Zugbrücke**, die Zugbrücken

zugeben, du gibst zu, er gab zu,
sie hat zugegeben

der **Zügel**

zugig

zügig

zugleich

zu Haus, auch: zu Hause

zuhören, du hörst zu

der **Zuhörer**

die **Zuhörerin**, die Zuhörerinnen

die **Zukunft**

zukünftig

zuletzt

zuliebe

zum (zu dem)

zumachen, du machst zu

zum Beispiel, Abkürzung: z. B.

zumeist

zumindest

zumuten, du mutest zu

zunächst

der **Zuname**, die Zunamen

zünden, du zündest

das **Zündholz**, die Zündhölzer

die **Zuneigung**

die **Zunge**, die Zungen

zunichte

zupfen, du zupfst

zur (zu der)

zurück

zurückgehen, du gehst zurück,
sie ging zurück,
er ist zurückgegangen

zurückhaltend

zurückkommen, du kommst
zurück, er kam zurück,
sie ist zurückgekommen

zusammen

der **Zusammenhang**,
die Zusammenhänge

zusätzlich

zuschauen, du schaust zu

der **Zuschauer**

die **Zuschauerin**, die Zuschauerinnen

zuständig

die **Zutat**, die Zutaten

zutiefst

das	**Zutrauen**
	zutraulich
der	**Zutritt**
	zuverlässig
die	**Zuverlässigkeit**
	zuversichtlich
	zu viel
	zuvor
	zuwenden, du wendest dich zu
die	**Zuwendung**, die Zuwendungen
	zu wenig
	zuwider

> ➤ **Zw**

der	**Zwang**, die Zwänge
	zwanglos
sich	**zwängen**, du zwängst dich
	zwanzig
	zwar
der	**Zweck**, die Zwecke
	zwecklos
	zweckmäßig
	zwei, zweimal
	zweierlei
	zweifach
der	**Zweifel**
	zweifellos
	zweifeln, du zweifelst
der	**Zweig**, die Zweige
das	**Zwerchfell**, die Zwerchfelle
der	**Zwerg**, die Zwerge
der	**Zwerghase**, die Zerghasen
die	**Zwetsche**, die Zwetschen,
	auch: die Zwetschge
	oder: die Zwetschke
der	**Zwetschgenkuchen**
	zwicken, du zwickst
der	**Zwieback**, die Zwiebacke,
	auch: die Zwiebäcke

die	**Zwiebel**, die Zwiebeln
die	**Zwiebelschale**,
	die Zwiebelschalen
der	**Zwilling**, die Zwillinge
	zwingen, du zwingst, er zwang,
	sie hat gezwungen
	zwinkern, du zwinkerst
der	**Zwirn**, die Zwirne
	zwischen
	zwischendurch
der	**Zwischenfall**, die Zwischenfälle
der	**Zwischenraum**,
	die Zwischenräume
das	**Zwitschern**
	zwitschern, er zwitschert
	zwölf, zwölfmal

> ➤ **Zy**

der	**Zyklus**, die Zyklen
der	**Zylinder**

Zwerg

Z

Schwierige Wörter schwer zu finden

Wörter aus anderen Sprachen sind manchmal schwer zu finden.
Denn sie werden oft anders ausgesprochen, als man sie schreibt. Schau hier nach!

A

äids	das	Aids
ährbäg	der	Airbag
äktschn	die	Action
aut		out

B

bäbi	das	Baby
baggi	der	Buggy
bänd	die	Band
bandschidschamping	das	Bungeejumping
battn	der	Button
beesch		beige
blamaasche	die	Blamage
börger	der	Burger
bronße	die	Bronze
bungalo	der	Bungalow
butik	die	Boutique

D

diskdschockej	der	Diskjockey
disspläi	das	Display
dschäs	der	Jazz
dschiins	die	Jeans
dschiip	der	Jeep
dschob	der	Job
dschoggen		joggen
dschouker	der	Joker
dschockej	der	Jockey

E

etaasche	die	Etage

F

faastfuud	das	Fastfood
fän	der	Fan
fänklub	der	Fanclub
fär		fair
faul	das	Foul
frissbi	das	Frisbee

G

gäg	der	Gag
gängster	der	Gangster
garaasche	die	Garage
goldmedallje	die	Goldmedaille
gräipfruut	die	Grapefruit

H

haatwär	die	Hardware
händi	das	Handy
häppi		happy
houmpäitsch	die	Homepage

I

iimäil	die	E-Mail
inleinskäits	die	Inlineskates
inschenjör	der	Ingenieur
inschenjörin	die	Ingenieurin
installatör	der	Installateur
installatörin	die	Installateurin
interwju	das	Interview
isi		easy

K

kaos	das	Chaos
kätschen		catchen
kauboi	der	Cowboy
kauntdaun	der	Count-down
kautsch	die	Couch
kiiboord	das	Keyboard
klaun	der	Clown
klike	die	Clique
komfor	der	Komfort
kornflejks	die	Cornflakes
körri	das	Curry
körriwurst	die	Currywurst
körser	der	Cursor
kroasoo	das	Croissant
kusäng	der	Cousin
kuul		cool
kuwär	das	Kuvert

L

laif		live
laifsendung	die	Livesendung
läptop	der	Laptop
longsche	die	Longe

M

mäikapp	das	Make-up
mäilbox	die	Mailbox
mäilen		mailen
maneesche	die	Manege
masaasche	die	Massage
mätsch	das	Match
mauntenbeik	das	Mountainbike
medallje	die	Medaille
mjusikel	das	Musical
montör	der	Monteur

N

noutbuk	das	Notebook

O

oupenär	das	Openair

P

passaschiir	der	Passagier
pauer	die	Power
pauern		powern
pläibäck	das	Play-back
pläistäischn	die	Playstation
pommfrit	die	Pommes frites
püdschama	der	Pyjama
puul	der	Pool

R

rälli	die	Rallye
ränsch	die	Ranch
räpp	der	Rap
raschauer	die	Rushhour
refrää	der	Refrain
reportaasche	die	Reportage
restorang	das	Restaurant
rissaikling	das	Recycling
rulaade	die	Roulade

S

säif	der	Safe
sändwitsch	das	Sandwich
saund	der	Sound
schalusi	die	Jalousie
schampinjoo	der	Champignon
schampuu	das	Shampoo
schelee	das	Gelee
scheniiren		genieren
schofför	der	Chauffeur
schongliiren		jonglieren
schoos	die	Chance
schurnalist	der	Journalist

schurnalistin	die	Journalistin
ssenter	das	Center
skäitbord	das	Skateboard
skänner	der	Scanner
slamm	der	Slum
softwär	die	Software
sooße	die	Sauce
sörfbrett	das	Surfbrett
sörfen		surfen
sörwiss	der	Service
spräi	der	Spray
sseinsfiktschn	die	Sciencefiction
ssingl	der	Single
stäik	das	Steak
stantgörl	das	Stuntgirl
stantmän	der	Stuntman
stjuart	der	Steward
stjuardess	die	Stewardess
ssuweniir	das	Souvenir
swettschört	das	Sweatshirt

T

tatuu	das	Tattoo
tekno	der	Techno
tiim	das	Team
tiinäidscher	der	Teenager
tiischört	das	T-Shirt
tjuner	der	Tuner
tokmaster	der	Talkmaster
tokmasterin	die	Talkmasterin
tokschou	die	Talkshow
toust	der	Toast
trämpen		trampen
träner	der	Trainer
tränerin	die	Trainerin
träniiren		trainieren
träning	das	Training
tschäken		checken
tschämpjen	der	Champion
tscharts	die	Charts
tschello	das	Cello
tschip	der	Chip

U

unfär		unfair

W

wokmän	der	Walkman
woltischiiren		voltigieren